Vivre le Zen

Publié pour la première fois aux État-Unis en 2002 par Shamhala Publications, Inc., sous le titre *Being Zen*.

Ezra Bayda

Vivre le Zen

Introduisez la méditation dans votre quotidien

Traduit de l'anglais par Jeanne Schut

MARABOUT

Remerciements de la traductrice

Cette traduction française de *Being Zen*, le premier grand succès de librairie pour Ezra Bayda, a pu voir le jour grâce à trois personnes que je souhaite remercier ici.

Tout d'abord Arlette Morlon, que j'ai connue alors qu'elle organisait des stages pour l'association Terre d'Éveil, à Paris. Arlette m'a longuement sollicitée pour que je traduise ce livre, persuadée qu'il aiderait beaucoup de personnes comme il l'avait aidée, elle. Arlette a eu le temps de se réjouir que le projet soit accepté par une maison d'édition avant de décéder en janvier 2013. J'aimerais rendre ici hommage à son dévouement et à sa générosité.

Ensuite Aline Sibony-Ismaïl, des éditions Marabout, qui a eu la gentillesse d'écouter mes propositions, de soutenir ce projet et de me faire confiance pour le mener à bien dans les délais.

Enfin, je tiens à remercier Catherine Joly, qui a su communiquer son enthousiasme pour les enseignements d'Ezra Bayda à de nombreuses personnes et qui a tenu, de ce fait et en tant qu'ancienne correctrice pour une maison d'édition, à assurer la rel[illegible]ure de cette traduction. Elle a apporté à cette tâche tou[illegible] son savoir-faire et sa profonde compréhension des enseignements. Catherine, un grand merci !

Sommaire

III. ÉVEILLER LE CŒUR DE COMPASSION

À la mémoire de Susan Loda
qui a suivi la voie de la pratique
avec courage, gentillesse et grâce.

Avant-propos

Quand on vit dans notre culture prétendument « évoluée », il est aisé de voir le mal-être croissant qui y règne : plus nous accélérons pour atteindre nos objectifs, moins nous goûtons à la satisfaction et à la sérénité. Pour la plupart d'entre nous, la vie demeure un mystère épuisant. Même quand nous essayons de rester indifférents à ce qui nous arrive, il s'agit d'une fuite et le résultat n'est guère plus satisfaisant.

Quand nous comprenons que nous ne sommes en réalité rien d'autre que la vie, nous arrêtons enfin d'essayer de changer et de manipuler les situations dans l'espoir de trouver une réponse au mystère terrifiant devant lequel elle nous met. Il se peut qu'en chemin nous découvrions les enseignements authentiques qu'offrent les grandes religions… ou que nous les manquions. Dans tous les cas, il est difficile d'y voir autre chose que des concepts ; cela peut nous aider jusqu'à un certain point, mais nous sommes encore loin de la compréhension riche de maturité que nous espérions intégrer. Alors, que faire ?

Voilà une bien vaste question ! Nombre d'excellents livres décrivent parfaitement la situation de l'être humain, les éléments et la structure dans lesquels il vit, mais très peu aident à voir clairement en quoi consiste le développement d'une pratique véritablement utile. Dire : « Vous n'avez qu'à lâcher prise », c'est comme si l'on disait à quelqu'un qui se noie : « Vous n'avez qu'à nager jusqu'au rivage. »

Si vous voulez vous éveiller – et pas seulement parler d'Éveil –, ce livre vous apportera un soutien pratique, le genre de soutien dont nous avons besoin. Pas des formules simplistes du style : « Vous n'avez qu'à faire comme ça », mais des paroles qui sont une aide concrète et qui vous encouragent – vous inspirent, même – dans vos efforts. Même si les lectures ne peuvent être qu'un préliminaire, elles sont souvent une étape cruciale sur le chemin. Les débutants, tout autant que les pratiquants de longue date, trouveront dans ce livre de quoi clarifier leurs « eaux troubles[1] ».

Et que dire d'Ezra, le guide ? Je le connais depuis des années, puisqu'il fut pour moi un élève, puis un ami, et qu'il est maintenant un collègue enseignant. Cependant, j'hésite à attacher à son nom tout un chapelet de qualificatifs élogieux, car les mots ne disent jamais la vérité d'une personne. Par contre, je peux

---

1. Allusion au titre du deuxième livre d'Ezra Bayda, *At Home in the Muddy Water* (« À l'aise dans les eaux troubles »).

dire que je vis avec la conscience de la bonté d'Ezra, de sa stabilité, de sa finesse de perception et, par-dessus tout, de sa pratique continue. Je suis tout à fait confiante en vous recommandant la lecture de son livre. Puissiez-vous l'apprécier et en tirer profit !

Charlotte Joko Beck

Remerciements

Je tiens à exprimer ma profonde gratitude à Charlotte Joko Beck, mon enseignante et amie. Une grande partie de ce que j'ai appris et de ce qui transparaît dans ce livre provient directement de mon travail auprès d'elle. J'aimerais aussi remercier Stephen Levine et Pema Chödrön, qui ont tous deux beaucoup influencé mon parcours, notamment en m'aidant à tempérer la précision et la discipline de ma formation zen avec la chaleur de la bienveillance.

Tous mes remerciements à Carolyn Miller, qui a proposé de taper tout le manuscrit sans se plaindre, tout en faisant de précieuses suggestions en chemin. Je suis également reconnaissant à ma fille Jenessa pour sa relecture approfondie et sans concession. Le simple fait de savoir que je serais soumis à cet examen m'a inspiré plus de clarté dans l'expression !

Quand j'ai proposé mon manuscrit à l'éditeur, il me semblait qu'il était fin prêt à être publié – quelle erreur ! Heureusement, j'ai eu la chance de collaborer avec Emily Hilburn Sell, qui a donné forme et relief à mes mots en faisant les coupes nécessaires et en mettant en lumière l'unité des thèmes abordés. C'est à elle que je dois la présentation actuelle de ce livre et, chemin faisant, nous sommes devenus amis.

Je voudrais également remercier Elizabeth Hamilton, mon épouse, amie et enseignante, mais pas uniquement pour ses suggestions inestimables à propos de ce texte. Son soutien indéfectible, ainsi que la force de sa pratique, ont contribué de manière essentielle à m'apprendre ce que j'ai pu découvrir ces dernières années et dont ce livre est l'aboutissement.

Ezra Bayda

Introduction

Le lecteur remarquera que je n'emploie dans ce livre que de rares mots issus de la terminologie zen ou bouddhiste, tels que « vacuité » ou « non-dualité ». Dans le langage comme dans le contenu, j'ai essayé d'éviter l'ésotérique et le philosophique. Cette aversion pour la philosophie est une constante dans ma vie ; de fait, j'ai quitté l'université avant d'obtenir mon doctorat en philosophie parce que c'était trop philosophique !

Par ailleurs, l'intérêt de la pratique spirituelle ne peut jamais être réduit à une théorie ou à une formule intellectuelle. La compréhension doit être enracinée dans l'expérience directe et notre capacité à comprendre la pratique est toujours tempérée par le point où nous en sommes sur la voie de l'éveil spirituel. Il peut même arriver que, tout en avançant, nous nous demandions souvent en quoi consiste la pratique. Bien que je pratique la méditation zen depuis de nombreuses années, j'ai essayé ici d'élargir la notion de « pratique » au-delà des limites d'une technique pour inclure toute approche authentique fondée sur la méditation. Peu importe que vous pratiquiez la méditation zazen, vipassana, une technique tibétaine ou autre ; ce qui compte, c'est que vous souhaitiez que la pratique fasse partie intégrante de votre façon de vivre au quotidien.

Pour tirer la leçon des expériences que la vie nous apporte, nous avons surtout besoin d'une approche claire. Par conséquent, j'ai divisé ce livre en trois parties, chacune relevant d'un aspect différent de la voie vers l'Éveil.

La première partie décrit les fondements de ce que j'appelle « la pratique », y compris les éléments essentiels de la méditation. Cependant, le lecteur est censé être déjà un peu familiarisé avec la méditation assise. Si ce n'est pas le cas, mieux vaudrait qu'il l'apprenne directement d'un enseignant, notamment pour ce qui concerne les détails de la posture et de la respiration.

La deuxième partie souligne combien la pratique peut et doit faire partie intégrante de notre vie émotionnelle, notamment en nous libérant de la constriction de la peur. Plus le vernis qui nous protège s'écaillera, plus nous serons confrontés à des expériences effrayantes ou douloureuses. Parfois, nous pourrons les accueillir avec profondeur ; à d'autres moments, nous y résisterons de toutes nos forces. Quoi qu'il arrive, tout ce qui se présente est une occasion d'apprendre. C'est particulièrement vrai de nos déceptions : notre capacité à pratiquer avec les hauts et les bas de la vie est proportionnelle à notre capacité à faire face à nos déceptions.

La troisième partie concerne l'éveil du cœur de compassion. C'est là que nous commençons à comprendre et à goûter la composante la plus fondamentale de la *vie de pratique*[2] : accepter d'« être », tout simplement. Plus cette acceptation pénétrera le tissu même de notre vie, plus nous pourrons échapper aux jugements que nous portons sur nous-mêmes et aux soucis bien trop sérieux autour de notre petit drame personnel. Nous pouvons nous entraîner à être à l'aise, même au milieu des « eaux troubles » de notre vie. Ce livre parle de ce qu'il faut apprendre pour développer cette capacité. Tandis que nous nous ouvrons à la possibilité d'« être », tout simplement, une impression d'espace apparaît autour de notre souffrance. Mon souhait est que ce livre vous guide vers cette expérience d'ouverture spacieuse, car n'est-ce pas ce que nous voulons tous : ressentir la paix qui se révèle quand nous acceptons d'être présents à notre vie telle qu'elle est ?

2. Voir glossaire : *practice life.*

I

Les fondements de la pratique

1

Patiner sur une fine couche de glace

À mon mur est accrochée l'image d'une jeune fille qui fait du patin à glace. Elle glisse, les bras tendus vers le ciel, la tête rejetée en arrière. Elle semble insouciante et, de toute évidence, n'a pas conscience du panneau tout proche où il est écrit : « Attention à la glace fine ! » Cela vous est-il familier ?

Pour la plupart, nous avançons dans la vie en mode automatique. Peut-être que les choses vont bien pour nous, ou du moins qu'aucun désastre ne ravage actuellement notre vie. Peut-être avons-nous une bonne situation, des relations satisfaisantes et une bonne santé physique mais, tandis que nous évoluons sur la glace, nous avons le sentiment diffus de sa fragilité sous nos pieds : un tremblement inquiet, les vibrations d'une insatisfaction vague, des zones de souffrances non résolues et de peurs restées dans l'ombre. Pourtant, le plus souvent, nous choisissons de ne pas regarder sous la surface.

Quand notre vie prend un tour difficile, quand nous commençons à trouver des craquelures dans la glace, que faisons-nous ? Nous essayons de nettoyer la surface en faisant nos efforts habituels pour repousser ou dépasser les difficultés. Nous pouvons aussi tenter de patiner autour des craquelures en ignorant ou en refoulant nos réactions aux événements déplaisants.

En essayant d'éviter de tomber sous la glace qui commence à se fendre, nous choisissons notre stratégie. Nous pouvons nous efforcer de maintenir encore plus de contrôle sur notre vie ou bien tenter maladroitement d'échapper à nos difficultés en faisant diversion : en recherchant des plaisirs ou en nous noyant dans l'action. Il est rare que nous remettions en question nos stratégies, qui sont toujours profondément enracinées dans la peur. Nous croyons en elles comme en une vérité indiscutée. Pourtant, ce faisant, nous posons nos propres barrières, nos propres limites, et notre vie se rétrécit jusqu'à n'être plus qu'un sentiment diffus et permanent d'insatisfaction.

Quelles sont ces stratégies que nous utilisons pour ériger un terrain apparemment solide et éviter ainsi d'affronter nos peurs ? Elles sont aussi variées que la personnalité des gens. Certaines sont des stratégies de contrôle : essayer de maintenir l'ordre pour repousser un sentiment de chaos imminent. D'autres sont des stratégies de réussite, avec l'impulsion de surpasser les autres, d'être au sommet ; cet instinct est mobilisé pour répondre au désir profond et tenace de prouver notre valeur. Il y a aussi des stratégies de conformisme, où l'on recherche le confort imaginaire de se sentir intégré ; et des stratégies nourrissantes : l'espoir de trouver la sécurité en se sentant utile et apprécié. Il y a encore des stratégies de nécessité, où nous adoptons des attitudes de faiblesse et tentons désespérément d'être sauvés par quelqu'un, par un groupe ou une institution ; et des stratégies de diversion, où l'on recherche plaisir après plaisir pour remplir le vide profond de la nostalgie et de la solitude. Cette liste peut s'allonger indéfiniment.

Il faut parfois que nous tombions dans l'eau glacée, que nous soyons incapables de bouger et de respirer, submergés, sur le point de nous noyer, pour finalement faire face au profond conditionnement qui dirige notre vie, pour voir clairement en nous les bombes à retardement que sont la colère, la peur et le désarroi. Il faut parfois que survienne une maladie, un bouleversement financier, un échec dans notre couple ou la mort d'un proche pour nous réveiller et nous forcer à simplement « être » dans cette eau glacée.

Quand nous nous retrouvons dans ces situations non désirées, nous n'avons plus les moyens d'utiliser nos stratégies habituelles pour éviter la douleur. Elle est juste en face de nous ! La perte de la sécurité matérielle, de la santé, ou l'échec d'une relation de couple, par exemple, va faire remonter la peur à la surface, et il y a de fortes chances pour que nous ressentions colère, apitoiement, dépression et désarroi. Ce que nous ferons de tout cela sera fonction de la façon dont nous comprenons le sens réel de notre vie. Si nous bénéficions d'une pratique spirituelle solide et authentique, nous pourrons peut-être faire autre chose que simplement rechercher le confort et la fuite quand nous serons frappés par l'un des coups inévitables de la vie.

Au début des années 1970, j'ai acheté pour ma famille une maison avec un peu de terrain dans le nord de la Californie. Pendant onze ans, nous avons travaillé un vaste jardin en culture biologique. Notre but était de vivre de la terre, ce qui incluait l'élevage de chèvres pour le lait et celui de poulets et de moutons pour la viande. Nous menions une vie agréable et avions la satisfaction de pouvoir faire grandir nos enfants de la manière qui nous paraissait la plus saine possible. Mais quand ma femme et moi avons été victimes de graves atteintes du système immunitaire, on a trouvé un niveau élevé de résidus de DDT dans notre sang. Le DDT avait été enterré dans notre propriété avant que nous ne l'achetions et les poisons avaient indirectement fait leur chemin dans notre corps, à travers les légumes et la viande que nous prenions tant de soin à produire. Pour finir, cette exposition prolongée au pesticide a épuisé notre système immunitaire.

Quelle ironie ! C'est en nous efforçant de mener une vie saine et naturelle que nous avons contracté une maladie chronique épuisante. Et nous ne pouvons accuser personne puisque, à l'époque, c'est ainsi que les gens se débarrassaient des pesticides : ils enterraient les déchets. Notre tentative de créer un monde sûr et stable a été un échec : nous patinions sur une fine couche de glace.

Quoi que nous fassions, malgré toutes nos bonnes intentions, rien ne peut garantir que nous éviterons de tomber dans l'eau glacée. Nous aurons beau essayer, il n'y a aucun moyen de développer des stratégies et de contrôler notre monde pour échapper à toutes les difficultés. La vraie question est : saurons-nous apprendre de ce sentiment d'impuissance qui apparaît quand toutes nos stratégies échouent ? Ma vie s'est effondrée au début de la maladie de mon système immunitaire et il m'a fallu de nombreuses années pour véritablement comprendre l'immense enseignement que peut nous apporter le sentiment d'impuissance, de perte de contrôle.

Mais même quand nous tirons une leçon de ces bouleversements exceptionnels, dès que nous retrouvons notre équilibre nous recommençons à patiner sur une fine couche de glace. Peut-être en savons-nous un peu plus sur le grand trou dans lequel nous sommes tombés, mais que savons-nous des autres craquelures de la glace ? Est-il possible de commencer à tirer un enseignement des plus petites craquelures – de nos contrariétés, de nos changements d'humeur, de nos efforts pour nous protéger, nous défendre, contester –, de toutes nos déceptions ?

Ce qu'il faut pour cela, c'est voir clairement que nous passons notre temps à patiner sur une fine couche de glace en adoptant des attitudes, des stratégies et des images mentales pour nous aider à continuer d'avancer. Nous devons prendre conscience de la somme des efforts que nous sommes obligés de fournir pour faire fonctionner nos stratégies. Alors, quand des situations de vie non désirées se présenteront à nous, quand elles remettront en question nos attitudes et notre petit confort, nous pourrons nous ouvrir à la possibilité d'en tirer deux leçons essentielles.

Tout d'abord, au lieu d'essayer d'échapper à la difficulté, nous pouvons apprendre à reconnaître qu'elle est notre chemin. C'est un changement de perspective aussi radical que nécessaire. Quand des choses déplaisantes nous arrivent, nous avons rarement envie de les côtoyer. Nous réagissons peut-être en nous disant que les choses ne devraient pas être ainsi ou que la vie ne devrait pas être aussi chaotique. C'est ce que nous croyons, mais qui a dit que tout devait être parfaitement ordonné dans la vie ? Quand les choses ne vont pas dans le sens que nous désirons, nous essayons généralement de les changer pour qu'elles répondent à nos attentes. Or la clé de la pratique n'est pas d'essayer de changer notre vie, mais d'essayer de changer notre rapport à nos attentes, d'apprendre à considérer tout ce qui nous arrive comme le chemin que nous devons suivre.

Nos difficultés ne sont pas des obstacles sur le chemin, elles sont le chemin lui-même. Ce sont des occasions de nous éveiller. Pouvons-nous apprendre ce que signifie « accueillir » une situation non désirée – et le sentiment de perdre pied qui l'accompagne – comme un appel à nous éveiller ? Pouvons-nous y voir comme un signe qu'il y a là quelque chose à apprendre ? Pouvons-nous lui permettre de pénétrer notre cœur ? En apprenant à le faire, nous faisons le premier pas indispensable vers l'apprentissage de ce que signifie « s'ouvrir à la vie telle qu'elle est », nous apprenons ce que signifie être prêt à être avec ce que la vie nous offre. Même quand cela ne nous plaît pas, nous comprenons que cette difficulté est notre pratique, notre chemin, notre vie.

Deuxièmement, quand les épreuves arrivent, nous pouvons apprendre à ne pas chercher de coupable – accuser quelqu'un, une institution, nous-mêmes ou la vie – et tourner plutôt notre attention vers l'intérieur. Quand nous sommes dans la détresse, c'est souvent l'une des choses les plus difficiles à faire parce que nous voulons tellement nous défendre, nous voulons tellement avoir raison ! Pourtant, il est beaucoup plus utile de prendre conscience de ce que nous avons nous-mêmes apporté à cette situation : nos convictions, nos attentes, nos exigences et nos besoins. Alors peut-être pourrons-nous progressivement arriver à comprendre que toutes nos réactions émotionnelles sont le signe qu'il y a en nous une conviction que nous n'avons pas encore regardée assez en profondeur. Avec la pratique, cette compréhension devient peu à peu notre orientation première.

Intellectuellement, nous réalisons peut-être que nous avons besoin de regarder profondément en nous, mais nous ne le savons pas vraiment. Parfois, nous rions de certaines personnes parce qu'elles ne voient pas des choses évidentes sur elles-mêmes – eh bien, nous sommes ces personnes ! Nous devons reconnaître que, souvent, nous ne voulons tout simplement pas voir en nous ce qui cause notre souffrance. Fondamentalement, nous voulons que la vie soit là pour nous satisfaire, pour nous apporter un sentiment de sécurité et de bien-être. Ce que nous ne voulons surtout pas, c'est exposer nos fragiles béquilles, ces convictions tenaces qui s'élèvent entre nous et l'inconnu. Pourquoi ? Parce que nous examiner en profondeur à ce niveau-là n'est pas forcément agréable. Mais tant que nous n'aurons pas pris conscience de toutes les tactiques que nous mettons en place pour oublier ce qui se cache sous la fine couche de glace, nous continuerons à patiner sans trouver de direction.

Ce qu'il nous faut, c'est un changement progressif mais fondamental dans l'orientation de notre vie – aller vers le souhait de voir clair, d'apprendre, de seulement être avec ce qui nous arrive. Peut-être n'y a-t-il rien de plus essentiel ni de vital que cette aspiration à simplement être. Juste être avec ce que nous vivons – même avec le poids et l'obscurité qui entourent notre souffrance – engendre un sentiment de légèreté et redonne du cœur. Souhaiter tirer un enseignement de nos déceptions et de nos désillusions est la clé qui nous permet d'approcher la douleur que nous pensions ne jamais pouvoir endurer. Tandis que nous cultivons cette capacité à simplement être, nous découvrons que tout est réalisable. Tant que nous ne comprenons pas ce que cela signifie, nous nous empêchons de nous ouvrir, de nous relier aux autres et d'apprécier ce qui est – ces dons qui nous ont été offerts en tant qu'êtres humains.

2

Rapide, bon marché et incontrôlable

Le film *Fast, Cheap and Out of Control* met en scène la vie de quatre hommes hors du commun. Le premier est un dompteur de lions qui travaille dans un cirque. Le deuxième invente des robots, notamment de petits robots conçus pour marcher sur la lune. Le troisième est un scientifique spécialisé dans l'étude de la vie d'un mammifère sans poils appelé le rat-taupe nu. Le quatrième est un jardinier qui a passé cinquante ans à tailler des massifs géants en forme d'animaux.

J'ai dit que ces hommes étaient hors du commun mais, en réalité, ils sont tout à fait ordinaires. Ce qu'ils partagent, entre eux et avec nous tous, c'est que chacun, à sa manière, essaie de garder le contrôle sur un monde essentiellement incontrôlable. Ce qui est hors du commun, ce sont leurs activités, qui mettent en évidence ce que nous faisons tous à notre façon : essayer de maîtriser le monde pour nous procurer l'illusion de la sécurité et du bonheur.

La stratégie de contrôle du dompteur de lions est de ne jamais montrer sa peur. Chaque fois qu'il quitte la cage, il transpire à grosses gouttes mais il ne laisse jamais voir aux lions qu'il a peur. Il doit maintenir l'illusion qu'il domine la situation. Même quand un lion lui mord le mollet et que le sang coule dans sa botte, il ne fuit pas la cage ; il finit ce qu'il a à faire et garde son rôle de dompteur des animaux, sachant qu'ils pourraient le mettre en pièces en un clin d'œil.

Le dessinateur de robots veut créer des machines qui lui obéiront pour rendre le monde plus efficace. Pourtant, il découvre que les engins n'arrivent pas à reproduire vraiment l'action de marcher. Tout ce qu'il peut faire, c'est programmer une séquence d'actions mécaniques qui aboutiront peut-être à un mouvement de marche. Cette tâche relativement simple lui donne un aperçu de l'incroyable complexité du mouvement humain et de la difficulté à programmer les changements de situations. Il va pourtant chercher un moyen de maintenir l'illusion du contrôle.

L'homme qui fait des recherches sur les rats-taupes nus organise des expositions très élaborées dans des musées pour montrer que, à l'image des fourmis et des abeilles, ces mammifères vivent en communautés autonomes et intelligentes. Il essaie de recréer leur habitat naturel, un labyrinthe compliqué de tunnels. Il sait que, dans la nature, quelque chose d'aussi ordinaire que la patte d'un éléphant de passage pourrait écraser et démolir tout ce monde de tunnels. Pourtant, connaître les dangers imprévisibles de l'environnement naturel des rats-taupes ne l'empêche pas de tout faire pour créer des conditions artificielles permettant d'écarter le danger et de garantir la sécurité.

Le jardinier a passé un demi-siècle à travailler dans le vaste jardin d'une dame fortunée, taillant à la main de grands buissons en d'incroyables topiaires aux formes d'animaux. Pourtant, une simple tempête pourrait détruire des années de travail. Le film le montre en train de déambuler, impuissant, au milieu d'une pluie de grêlons – image qui évoque ce sentiment de perdre pied que nous ressentons tous quand nous comprenons combien nos stratégies de contrôle sont fragiles. Malgré un travail assidu, cet homme ne parviendra jamais à maîtriser les ravages que peuvent causer les forces de la nature.

Comme ces quatre hommes, nous faisons tous quelque chose pour façonner notre monde afin d'avoir l'illusion de le maîtriser. Alors il se rétracte et se renferme, tandis que nous nous concentrons sur un petit coin de notre rêve égocentrique, essayant de renforcer notre sentiment de confort et de sécurité. Pourtant, aussi solide que soit notre stratégie, il suffit d'une simple visite chez le médecin pour que nous perdions le contrôle.

Pema Chödrön, qui enseigne le bouddhisme tibétain, compare notre ego à une chambre, à un cocon protecteur que nous tissons exactement comme nous le souhaitons. La température y est toujours agréable, nous n'entendons que la musique que nous voulons entendre, nous ne mangeons que la nourriture que nous voulons manger ; mieux encore, peut-être, nous ne laissons entrer dans cette pièce que les gens que nous aimons. Bref, nous façonnons notre vie exactement comme nous la souhaitons : agréable, confortable et sûre.

Mais que se passe-t-il quand nous mettons un pied dehors ? Nous sommes en butte au chaos de la vie quotidienne, en particulier à toutes ces personnes contrariantes que nous essayons d'écarter de notre chambre, à toutes les situations difficiles et non désirées que nous faisons tant d'efforts pour éviter. Plus nous sommes confrontés à ces choses désagréables, plus nous voulons nous retirer dans notre chambre, dans notre cocon protecteur. Nous fermons les fenêtres ; nous y ajoutons même des barreaux et des volets et nous mettons des verrous aux portes. Nous faisons tout ce que nous pouvons pour écarter la vie.

Mais un jour, si nous avons de la chance, nous nous réveillerons peut-être pour nous apercevoir que la vie dans notre cocon est une *vie de substitution*[3]. En essayant de contrôler notre monde pour le rendre confortable et sûr, nous avons rétréci notre existence au point de vivre une vie de substitution fondée sur le désir d'éviter nos peurs les plus profondes : peur de se sentir impuissant, d'être seul, de ne pas être à la

3. Voir glossaire : *substitute life.*

hauteur, d'éprouver l'angoisse d'exister. L'ampleur de notre désir d'éviter ces peurs se reflète, comme dans un miroir, dans notre façon de mener notre vie, parce que ces peurs nous enferment et nous retiennent. Elles anesthésient notre désir de mener une vie authentique. Elles bloquent notre aspiration à vivre avec le cœur naturellement ouvert. Par conséquent, même si nous maintenons nos stratégies de contrôle, nous nous enfonçons lentement dans l'insatisfaction, la frustration et un sentiment d'incohérence. Tels sont les signes qui montrent que nous vivons prisonniers d'une vie de substitution imposée par nous-mêmes.

Quand nous avons la chance de nous éveiller à cette situation, nous comprenons peu à peu que ce n'est qu'en suivant une pratique spirituelle que cette vie de substitution se transformera en une vie plus authentique. Une vie spirituelle peut certainement inclure la pratique de la méditation, mais elle ne se limite pas à cela. Elle doit également comporter un travail sur tout ce qui jusque-là nous a éloignés d'une vie authentique : une vision idéalisée de ce que la vie devrait être, notre prétention, l'image que nous avons de nous-mêmes, notre incompréhension, nos comportements défensifs, nos réactions de colère, de peur et de confusion.

Ce proverbe amérindien exprime bien l'éveil du désir profond de vivre une vie ouverte et authentique :

Parmi tous les chemins qui existent dans cette vie

Un seul vaut la peine d'être suivi :
Le chemin de l'être humain véritable.

Il est intéressant de noter que l'un des ingrédients essentiels d'une vie authentique est la compréhension que tout, dans notre vie, fait partie du chemin, que tout ce qui nous arrive peut nous aider à nous éveiller. Dans une large mesure, nos efforts pour tout maîtriser visent à nous éviter de ressentir notre douleur fondamentale, nos peurs les plus profondes. Tous nos idéaux, toutes nos attentes, deviennent une exigence envers la vie pour qu'elle réponde à nos désirs. Mais cette exigence – cet effort pour contrôler notre vie qui prend ses racines dans la peur, cet instinct de l'ego à construire un cocon protecteur – doit être vue pour ce qu'elle est vraiment. Une connaissance objective de nous-mêmes nous permettra de commencer à voir où et comment nous nous protégeons et nous nous défendons. C'est pourquoi la connaissance de soi est un aspect aussi important du chemin de l'Éveil.

Nous nous éveillons à cette connaissance par l'auto-observation : nous commençons à nous observer sans relâche, presque comme si nous étions spectateurs de nous-mêmes. Contrairement à notre manière de faire habituelle, où nous restons centrés sur nous-mêmes – où nous tournons en rond en pensant à nous, en nous analysant et en nous identifiant aux situations –, le regard du « spectateur » est objectif. Il n'est pas analytique et il ne juge pas. Il observe simplement ce que nous faisons, comment nous réfléchissons, ce à quoi nous pensons, comment et quand nous réagissons, quelles sont nos stratégies personnelles fondamentales, nos identités fondamentales, nos peurs fondamentales. En nous observant avec objectivité dans toutes sortes de situations, nous pouvons commencer à voir clairement les composantes de notre vie de substitution : des idées forgées par la peur sur la façon dont nous devrions être, dont les autres devraient être, dont la vie devrait être. Nous commençons à prendre conscience de nos exigences envers la vie et des moyens que nous utilisons pour nous donner l'illusion du contrôle.

Le « spectateur » nous aide à poser un regard objectif sur ce qui se passe : la nature de nos pensées, nos réactions particulières aux événements, ce que nous en faisons. Il ne s'agit pas d'introspection, simplement d'une prise de conscience de notre conditionnement dans toutes ses manifestations. Nous ne considérons pas non plus notre conditionnement comme de l'histoire ancienne, en nous demandant pourquoi nous sommes comme nous sommes, mais simplement comme faisant partie de ce qui se passe dans l'instant. Quand nous observons les choses objectivement, sans notre tendance habituelle à tout évaluer en termes de bon ou de mauvais, nous sentons s'ouvrir un espace qui nous permet de nous observer dans une perspective plus vaste que notre étroite identification habituelle. Nous sommes en mesure de reconnaître que, chaque fois que nous avons une réaction émotionnelle, il y a quelque chose en nous – quelque chose qui nous domine – que nous ne voyons pas tout à fait. En prendre conscience et aborder avec curiosité nos réactions émotionnelles nous donne une indication sur les situations dans lesquelles nous essayons de modeler notre monde à notre guise et comment nous nous y prenons.

Imaginez par exemple que quelqu'un vous critique en public. Vous réagissez aussitôt avec colère. Vous continuez peut-être ensuite à vous justifier en blâmant l'autre et en vous enfermant dans des pensées obsessionnelles. Tandis que des sentiments de rage remontent à la surface, vous êtes peut-être obnubilé par la pensée que cette personne est terriblement injuste ou que la vie elle-même est injuste. Mais si une petite sonnette d'alarme intérieure vous rappelle votre pratique spirituelle, vous vous souvenez que toute réaction émotionnelle a pour but de vous réveiller, de vous ramener à la réalité de la situation. À ce moment-là, le spectateur entre en jeu et, même si vous restez bouleversé intérieurement, il commence à remarquer la pensée répétitive : « Ce n'est pas juste. » Vous verrez peut-être alors que la réaction émotionnelle provient directement de *votre exigence que la vie soit juste*. Quand vous verrez cela clairement, il vous sera peut-être possible d'observer puis de ressentir la couche de peur qui a engendré cette attente : la peur d'être impuissant quand on perd le contrôle. Toute notre vie, nous essayons de faire rentrer la vie dans le moule de nos représentations pour ne pas avoir à ressentir des peurs profondes comme celle-ci.

En quoi domptons-nous des lions quand nous essayons de créer l'illusion que nous contrôlons la situation pour contenir la marée ? En quoi créons-nous des robots intérieurs quand nous suivons des schémas répétitifs, quand nous nous bornons à vivre en cherchant l'efficacité et la sécurité, inconscients de ce qui nous fait vraiment réagir ? En quoi créons-nous des habitats protégés ou taillons-nous des buissons en forme d'animaux en prétendant que la patte de l'éléphant ou la pluie de grêlons ne perturbera pas notre petit monde ? Pour trouver la réponse à ces questions, nous n'avons qu'à observer ce qui cause nos tempêtes émotionnelles. Elles sont toujours le signe qu'il y a une image ou une identité à laquelle nous sommes encore trop attachés.

Nous pouvons ensuite nous poser cette question simple souvent utilisée dans la pratique spirituelle : « Que se passe-t-il en cet instant ? » Essayons-nous juste de faire bonne impression ? Sommes-nous seulement motivés par le besoin de nous sentir à l'aise ou en sécurité ? Sommes-nous guidés par le désir d'argent, de possessions ? Notre détresse vient-elle de notre poursuite d'une certaine position sociale, d'un certain pouvoir ? Notre angoisse est-elle liée à notre besoin d'être acceptés ? Essayons-nous simplement de tenir bon, de garder le contrôle ? Tous ces schémas de comportement conduisent à une vie qui n'a rien de satisfaisant – autrement dit, à une vie de substitution.

Quand nous comprenons le lien entre notre détresse émotionnelle et ce que nous exigeons de la vie, nous pénétrons plus profondément dans une pratique spirituelle vécue de l'intérieur. Notre chemin nous mènera directement à notre douleur fondamentale : notre sentiment d'impuissance quand nous perdons le contrôle, notre peur d'être rejetés ou abandonnés, notre croyance fondamentale[4] dans le fait que nous sommes séparés des autres. Quand nous approchons de cet endroit que nous avons évité pendant si longtemps, nous découvrons que nous sommes capables d'être simplement là, sans nous sentir perdus ni dépassés. Nous éprouvons que le simple fait d'accepter d'être auprès de cette douleur engendre un espace plus vaste autour d'elle. Nous découvrons que nous pouvons laisser cette douleur pénétrer notre cœur.

Tant que nous ne nous retournons pas pour affronter ce que nous avons passé notre vie à éviter, que faisons-nous vraiment de notre vie ? Une pratique spirituelle ne se limite pas à passer un moment agréable sur un coussin de méditation ; nous devons apprendre à nous observer avec objectivité pour ne plus être prisonniers de notre vie de substitution. Par contre, tandis que nous menons une vie de pratique et

4. Voir glossaire : *core belief*

que nous regardons, avec toujours plus d'honnêteté, toutes les façons dont nous nous sommes isolés par la peur, nous pouvons commencer à ressentir la liberté qui consiste à mettre un pied hors de notre cocon pour avancer dans la vie authentique qui nous attend.

3

Le gruyère

Imaginons que nous sommes un gros morceau de gruyère, avec tous ses trous. Les trous sont nos identités, nos constructions mentales, nos désirs, nos incompréhensions, nos blocages – tous ces aspects de nous qui semblent nous empêcher de réaliser notre « nature de fromage ». Parfois, quand un méditant entrevoit qu'il est l'ensemble du fromage, il oublie qu'il est également les petits trous et se voit plutôt comme un gros fromage compact. Cependant, nous avons surtout tendance à nous identifier uniquement aux petits trous : nos peurs, le sentiment d'être une victime, notre confusion, la certitude d'avoir raison, etc. En voyant les choses ainsi, nous oublions notre nature fondamentale de fromage – l'immensité, Dieu, appelez cela comme vous voulez. Nous sommes les petits trous, nous ne pouvons pas l'ignorer, mais nous sommes aussi l'ensemble du fromage et nous ne pouvons pas l'ignorer non plus. Quand nous voyons finalement la nature réelle des petits trous, nous comprenons que ce sont vraiment des trous, autrement dit qu'ils n'ont pas de réalité substantielle.

Comme toutes les analogies, celle-ci a ses limites : elle ne permet pas de donner une vision exacte et complète de la pratique[5], mais l'observation de soi nous aide à découvrir à quels petits trous nous croyons. Nous pourrions alors voir également comment notre croyance en la substantialité de ces petits trous nous empêche de ressentir « le tout » plus vaste. Cette compréhension n'est pas théorique ; il faut en faire l'expérience. Comment la pratique spirituelle nous y conduit-elle ?

L'une des façons communément utilisée consiste à mettre l'accent sur les expériences d'éveil, ou « illuminations », au cours desquelles nous perçons la bulle de notre conscience habituelle et avons une vision claire et profonde de la réalité. Le problème de cette approche, c'est que nous prenons souvent ces ouvertures pour une réalité supérieure, autre que l'ordre naturel des choses. Dès lors, toute la pratique s'attache à obtenir une telle expérience, comme si cette dernière pouvait à elle seule apporter la libération définitive, l'Éveil. C'est là une vision très romantique des choses. Et c'est aussi un fantasme. Aucune expérience n'est permanente. Aucune expérience unique ne peut nous libérer définitivement. Cela ne veut pas dire que ces expériences ne sont pas utiles. Elles

---

5. Voir glossaire : *practice*.

peuvent nous inspirer et nous aider à nous mettre sur la voie. Mais si notre pratique n'imprègne pas directement notre vie quotidienne, à quoi sert-elle ?

Il existe une autre approche dans la pratique spirituelle, une approche beaucoup moins romantique que la recherche d'expériences d'éveil. Elle consiste à pratiquer directement avec tout ce qui peut se présenter. J'appelle cela « mener une vie de pratique ». Sa caractéristique principale est de nous ramener, encore et toujours, à l'instant présent, ce qui a toujours été un aspect essentiel du Zen, ainsi que d'autres traditions contemplatives. La différence entre cette approche et la recherche d'expériences, c'est qu'elle nous amène à travailler sur des questions qu'en temps ordinaire nous ne considérons pas comme « spirituelles ». En fait, il s'agit bien souvent de questions que nous préférerions voir disparaître. Ce sont tous les petits trous moisis du gruyère.

Nous arrive-t-il d'aller et venir, pleins d'angoisse et de confusion ? Sommes-nous furieux chaque fois que l'on nous critique ? Avons-nous un profond sentiment de honte qui s'infiltre dans toute notre vie ? Dans quelles circonstances agissons-nous sous l'emprise de la peur ? Sommes-nous capables de bienveillance envers nous-mêmes ? Y a-t-il ne serait-ce qu'une seule personne à qui nous refusons le pardon ? Quand nous pratiquons autour de ces questions délicates – en autorisant le désordre de notre vie quotidienne à les clarifier *par l'expérience* –, l'image du monde qui nous entoure se fait plus vaste et s'éclaircit tout naturellement.

Par exemple, quand la colère surgit dans une situation ordinaire de notre vie, nous pouvons faire de la colère notre pratique. Même si nous préférons être calmes, paisibles et lucides, la réalité de l'instant est la colère. Tant que nous ne nous serons pas occupés de cette colère sous l'angle de la pratique, elle continuera à limiter notre vie et à fermer notre cœur. D'un autre côté, travailler directement avec la colère développe notre capacité à nous ouvrir pour accepter d'être, tout simplement.

Comment travailler directement avec la colère comme, d'ailleurs, sur toute émotion forte ? Comment travailler avec tous les trous de notre « nature de fromage » ? Avec mon maître Joko Beck, j'ai étudié deux approches particulières. La première consiste à clarifier notre système de croyances, tandis que la seconde consiste à ressentir la réalité physique de l'instant présent. « Clarifier notre système de croyances » est une terminologie moderne pour traduire le vieil adage universel : « Connais-toi toi-même. » Cela implique une observation de soi très pointue : voir comment nous pensons, ce que nous pensons, comment nous réagissons et quelles sont nos stratégies personnelles. Quand nous pratiquons cette auto-observation, nous nous familiarisons plus intimement avec notre fonctionnement propre, ce qui inclut les croyances et les attitudes qui gouvernent notre vie.

Clarifier nos croyances ne veut pas dire les analyser, les éliminer, ni même les changer. Il s'agit de voir clairement leur nature, pas leur contenu.

L'outil que nous utilisons en premier lieu est l'étiquetage des pensées. De nombreuses techniques de méditation suggèrent de laisser passer les pensées qui se présentent pour que l'esprit s'apaise et s'éclaircisse. C'est très bien si l'on y parvient, mais souvent nous n'arrivons pas à laisser simplement passer nos pensées. Il arrive que notre esprit soit très agité et le reste pendant de longues périodes. Il semblerait que nous, les humains, ne puissions pas facilement échapper à l'héritage de notre évolution : un esprit hyperactif. Dans certaines techniques de méditation, on propose de traiter ces pensées incessantes en disant : « pensée » – ce qui permet de briser notre identification habituelle à nos pensées – puis en retournant à l'observation de la respiration ou de tout autre objet de concentration. Bien qu'il soit plus facile de procéder ainsi plutôt que d'essayer de laisser passer les pensées, cela ne nous permet pas de clarifier vraiment ce qui se passe en nous. C'est là qu'intervient l'étiquetage des pensées.

L'étiquetage des pensées est un outil très précis, qui peut nous aider de deux manières. Tout d'abord, il brise notre identification à nos pensées et nous permet d'apprendre à considérer nos pensées simplement comme des pensées ; ensuite, il nous permet de savoir *ce que nous pensons*. Prenons un exemple : vous êtes assis en méditation, à essayer d'être conscient de votre respiration, et vous remarquez que vous êtes en train de penser à toutes les choses que vous avez à faire aujourd'hui. Étiqueter revient tout simplement à se répéter cette pensée en disant : « Il y a une pensée qui dit que j'ai trop à faire. » C'est comme avoir un perroquet sur l'épaule qui répéterait mot pour mot les pensées qui apparaissent dans l'esprit.

Au début, étiqueter les pensées peut ressembler à un exercice très mental. On peut avoir l'impression que l'esprit ne fait que s'activer davantage, mais c'est seulement parce que nous n'en avons pas l'habitude. Il faut du temps pour que l'étiquetage arrive à nous arracher à ces pensées qui tournent en boucle. Pour nous exercer, nous pouvons consacrer au moins cinq minutes, avant de nous asseoir en méditation, à mettre des mots sur chaque pensée ; ensuite, nous n'aurons pas besoin de toutes les étiqueter. Par exemple, quand je me surprends à penser à des choses sans importance ou terre-à-terre, j'utilise, pour les qualifier, des termes génériques comme « planifier », « fantasmer », « rêvasser » ou « converser ». Cet étiquetage me permet de savoir clairement ce que fait mon esprit ; il suffit généralement à interrompre le processus et à me faire quitter le monde du mental.

Par contre, dès que je prends conscience de la moindre trace d'émotion, j'étiquette la pensée qui s'y rattache. Par exemple, tandis que je médite, mon corps commence à souffrir de l'immobilité de la posture assise, jambes croisées. Je prends conscience d'un début d'agitation et je vois que mon esprit est en train de croire que c'est trop dur. J'identifie aussitôt la pensée et je me dis : « Je crois à cette pensée qui dit que c'est trop dur », « Je crois à cette pensée que je dois bouger ». Quand on développe une certaine pratique de cette forme d'étiquetage, la pensée inexprimée qui régit la situation – si c'est le cas – peut finir par s'éclaircir. Dans notre exemple, je pourrais distinguer la croyance fondamentale sous-jacente : « La vie ne devrait pas être douloureuse », « La vie devrait être facile ». Quand cette croyance m'apparaît clairement, je l'étiquette de la même manière. Il y a une grande différence entre penser – autrement dit, croire – que la vie devrait être facile et dire : « Je crois à cette pensée que la vie devrait être facile. »

Même si nous devons étiqueter cent ou mille fois cette pensée, le moment viendra où nous verrons que la plus obsédante des pensées n'exprime pas nécessairement la vérité sur la réalité – ce n'est qu'une pensée. Nous découvrirons peut-être aussi que cette pensée précise a insidieusement dicté notre conduite. Nous devenons conscients là où nous étions aveugles. Nos incompréhensions sont incomprises, par définition, mais grâce à la pratique méticuleuse de l'étiquetage des pensées, la lumière de la conscience commence à clarifier les croyances autrefois ignorées et qui ont dicté nombre de nos schémas de comportement peu avisés.

Souvent, nous ne comprenons pas à quel point nous sommes aveugles à nous-mêmes, à quel point nous ne nous connaissons pas, et tous les ravages que nous causons ainsi – des ravages sans fin, tant pour nous que pour les autres. Nous savons peut-être tout ce qu'il faut savoir sur la pratique et les techniques de méditation, mais nous sous-estimons parfois la persévérance et l'honnêteté indispensables pour affronter les peurs qui ont engendré nos fausses croyances et nos comportements.

Dans un sens, le problème est que nous en savons trop. Nous pensons trop, c'est certain, et souvent nous parlons trop. Il est facile de remplacer le travail ardu et parfois douloureux d'une pratique authentique par des connaissances livresques, des cogitations et des discussions. Cela ne veut pas dire que la pratique doit être une tâche triste et rébarbative. Plus nous sommes honnêtes quand nous nous observons, quand nous perçons à jour nos incompréhensions et nos stratégies de camouflage, plus nous nous allégeons. Pourquoi ? Parce que, en devenant plus conscients, nous pouvons déposer nos fardeaux inutiles : ces images de nous-mêmes auxquelles nous sommes attachés, ces prétentions, cette personne spéciale que nous pensons devoir être.

J'ai rencontré Joko Beck pour la première fois à l'occasion d'un entretien formel, lors d'une retraite, et j'étais nerveux, ne sachant pas comment établir une relation avec un célèbre maître zen. Je me suis assis et je lui ai dit mon nom. Elle m'a demandé : « D'où viens-tu ? » et j'en suis aussitôt resté glacé d'effroi. Je croyais qu'elle me posait l'ultime question zen. Quand j'ai répondu : « Je ne sais pas », elle a éclaté de rire. Elle voulait simplement savoir où j'habitais ! J'étais venu vers elle avec tellement d'idées préconçues – sur l'essence du Zen, sur ce que devrait être un maître zen célèbre, sur ce que j'étais censé être – qu'il ne m'était pas venu à l'esprit de remettre ces images en question. N'ayant pas appris la valeur de la technique d'étiquetage des pensées, je croyais dur comme fer à la réalité non vérifiée de mes images. Depuis, j'ai pu constater à maintes reprises que cette simple pratique d'étiquetage des pensées peut être d'une importance cruciale pour clarifier les innombrables couches d'illusions qui régissent secrètement notre vie.

Parfois nous oublions que ce processus exige du temps et de la persévérance. Parfois nous oublions l'entraînement élémentaire auquel nous devons nous soumettre, non seulement au début mais aussi tout au long de la vie de pratique, la répétition constante de nos efforts – pour étiqueter nos pensées, par exemple.

L'étiquetage des pensées est un outil élémentaire qui permet de voir les trous du gruyère pour ce qu'ils sont. Quand nous cessons de nous identifier à nos croyances, nous ne les appelons plus « moi ». Et tandis que nous cessons de croire à la réalité de chaque petit trou, nous nous relions toujours davantage à la clarté du tout plus vaste. Mais nous devons comprendre que l'étiquetage des pensées n'est ni naturel ni facile. La précision, l'honnêteté et la persévérance, indispensables pour avancer avec minutie dans cette pratique, peuvent prendre des années à se développer.

Clarifier notre système de croyances, c'est devenir conscient. Mais cette approche n'est qu'un des aspects de notre pratique fondamentale. La seconde approche, tout aussi essentielle, est plus difficile à décrire clairement. On pourrait l'appeler « expérience directe ». Nous verrons ce que cela signifie exactement tout au long de ce livre, dans différents contextes. Fondamentalement, il s'agit d'une conscience claire de la réalité physique de l'instant présent. C'est en partie la conscience des sensations corporelles, y compris, mais pas seulement, des sensations de la respiration. C'est aussi une conscience des phénomènes environnants comme les sons, les objets visuels et les odeurs.

Pour faire un essai, prenez conscience, maintenant, de vous-même et de votre environnement. Tout d'abord, que ressentez-vous dans votre corps ? Quelles sont les sensations les plus nettes ? Choisissez-en une en particulier : que vous fait-elle ressentir ? Quelle est sa texture ? À présent, prenez conscience de ce qui vous entoure : y a-t-il des bruits ? Sentez-vous l'air sur votre peau ? Comment est-il ? Si ce ressenti de la réalité physique de l'instant vous est peu familier, prenez-en conscience. Notez le sentiment de présence qui survient quand on quitte le monde du mental pour entrer dans l'expérience physique de l'instant. Cette expérience n'est possible que si nous ne sommes pas pris dans les filets de la pensée.

Cette double approche de la pratique – clarifier nos croyances et avoir une expérience directe de la réalité physique – permet à notre conscience de s'ouvrir à nos réactions émotionnelles les plus difficiles. Nous pouvons même apprendre à établir un contact différent avec nos pires angoisses, notre honte la plus profonde, nos sentiments les moins désirés – avec tous ces « trous » qui nous piègent. Quand nous clarifions les pensées auxquelles nous croyons en ne les prenant plus pour la réalité et que nous demeurons dans la composante physique de notre ressenti, nous commençons à voir que ces petits trous ne sont finalement rien de plus qu'un amalgame de pensées erronées auxquelles nous croyons très fort, et un ensemble de sensations corporelles inconfortables plus ou moins subtiles. Voir cela – le voir assez clairement pour qu'une réelle compréhension se fasse jour – nous donne un avant-goût de la liberté.

Tandis que notre conscience s'élargit, nous découvrons que nous pouvons désormais rester en présence de ces petits trous sans croire aussi fermement à leur réalité. Avec une conscience claire, notre vision artificielle et limitée de qui nous sommes devient plus poreuse. Nous pouvons alors commencer à nous relier à la réalité de la vie telle qu'elle est. C'est comme retirer des lunettes aux verres colorés et voir sans le filtre de notre conditionnement, de nos désirs et de nos jugements. C'est comme retirer le pied d'une chaussure trop serrée : le sentiment de restriction et d'enfermement disparaît.

Bien entendu, nous réclamons très vite nos lunettes colorées et nos chaussures serrées car, bien que nous ayons éprouvé la liberté de vivre avec ce qui est, nous préférons encore nos schémas familiers, y compris les chaussures trop serrées ! Le processus qui permet d'accueillir volontiers le simple fait d'« être » est lent et hésitant. La résistance, au fil de ce processus, est récurrente. Quand nous pratiquons, nous sommes continuellement tiraillés entre le oui et le non, entre rester dans la bataille et dériver vers l'illusion du confort et de la sécurité.

Mais progressivement, quelque part sur cette voie, la réticence peut se changer en ouverture, en acceptation. C'est ce changement crucial vers *l'acceptation de simplement « être »* qui finalement nous permet d'être avec la vie telle qu'elle est, avec tous ses trous. Les trous ne disparaissent pas nécessairement mais nous les voyons tels qu'ils sont et ne croyons plus forcément en leur réalité absolue. Ce processus de transformation est à la fois le cœur et le fruit de la pratique.

4

Expérience directe et conscience témoin

Quand on parle de la vie de pratique, une expression revient sans cesse : *avoir une expérience directe des choses*. Qu'est-ce que cela signifie exactement ? Pouvons-nous définir ce ressenti ? Pouvons-nous le décrire ?

Malheureusement, « l'expérience directe » ne peut pas être décrite de façon satisfaisante et ne peut certainement pas être définie. C'est de l'intérieur que nous devons découvrir de quoi il s'agit, car c'est une réalité vivante. Au début, nous estimons peut-être que cela revient à porter l'attention sur certaines sensations, telles que la respiration. Nous nous concentrons sur la fraîcheur de l'air quand il entre dans nos narines ou sur la sensation du haut du tronc quand il se soulève à chaque inspiration et s'abaisse à chaque expiration. Fixer ainsi notre attention sur la respiration nous enracine dans la réalité physique. Entrer dans le monde de la réalité physique nous fait sortir de notre monde mental sans cesse en mouvement et goûter la saveur de l'expérience directe.

Mais avoir une expérience directe des choses ne se limite pas à être conscient de sensations physiques, même s'il nous faut commencer à cette extrémité du continuum pour pouvoir approcher la profondeur et l'ampleur que peut revêtir le processus de l'expérience directe. Souvent, à cette extrémité du continuum, nous faisons l'expérience d'états de concentration appelés *samadhi*, quand nous sommes complètement absorbés par notre objet de concentration. En nous concentrant pleinement sur la respiration, sur la flamme d'une bougie ou encore sur des sons (comme des psalmodies ou de la musique), nous pouvons même parfois perdre le sentiment d'être « moi ». Mais, répétons-le, ces états de concentration ne sont que des étapes préliminaires. Ils sont importants dans la mesure où ils nous enracinent dans la réalité physique de l'instant plutôt que dans nos pensées.

Par contre, sur le plan de l'expérience directe, ils restent encore très limités car, par définition, ils nous coupent de la vie. Une véritable expérience directe implique que nous soyons éveillés et conscients ; or nous ne pouvons pas être éveillés et conscients quand nous sommes absorbés par certaines stimulations sensorielles.

Pour pratiquer la « conscience gestalt » – que nous appelons ici « expérience directe » –, beaucoup de méditants ont trouvé utile l'exercice nommé le Trois-par-Trois. Il s'agit de faire venir simultanément à la conscience trois aspects différents de stimulation sensorielle et de les maintenir pendant trois respirations complètes. Par exemple, on peut commencer par prendre conscience des sensations de la respiration puis, tout en les maintenant à l'esprit, ajouter la sensation du toucher au niveau des mains posées devant soi. Ensuite, en restant attentif à la respiration et au toucher, on élargit la conscience pour y inclure la perception du son, et on maintient les trois ensemble, pendant trois respirations complètes.

Pour avoir un aperçu de l'exercice du Trois-par-Trois, essayez ceci : portez d'abord votre attention sur les sensations de la respiration. Veillez à bien sentir l'aspect physique du souffle et non l'idée du souffle. Ajoutez maintenant la sensation de l'air sur votre peau : ressentez la température et la texture de l'air. À présent, tout en maintenant l'attention sur le souffle et l'air ambiant, élargissez votre conscience pour inclure le sentiment d'habiter votre posture. Retenez ces trois composantes – le souffle, l'air ambiant et la posture – dans votre conscience pendant trois respirations complètes.

Vous pouvez faire plusieurs séries de trois respirations en changeant les points de concentration : les pieds, le haut du crâne, la bouche, le dos ou les fesses. Vous pouvez utiliser des objets visuels (formes, couleurs, ombres) ou toute tension ou sensation forte qui pourrait se manifester dans le corps. Le but est d'élargir la conscience *enracinée dans la réalité physique* et de la maintenir présente sans dériver dans ses pensées. Quand nous dirigeons la conscience vers trois points d'attention différents, nous ressentons plus complètement *ce qui se passe dans l'instant*. Cela peut paraître difficile, surtout au début, mais en répétant cet exercice encore et encore, le « conteneur de la conscience[6] » s'élargit progressivement. À un certain moment, nous pouvons avoir l'impression de faire un véritable bond dans un espace de « conscience témoin » –, c'est-à-dire que nous ne nous identifions plus uniquement à notre « moi », comme nous le faisons d'habitude.

Dans ce conteneur plus vaste de la conscience témoin, nous avons un fort sentiment d'être présents, mais présents à rien de particulier. L'attention se déplace sur tout ce qui apparaît dans le champ de nos sensations et de nos perceptions. Nous allons au-delà de l'intention de diriger notre attention, comme nous l'avons fait en suivant la respiration ou dans l'exercice du Trois-par-Trois. La conscience se déplace d'un point d'attention à un autre et se tourne souvent vers plusieurs aspects simultanément. Sans essayer de nous attacher à l'un de ces aspects comme point de référence, nous restons témoins du monde sensoriel avec clarté et vigilance. Voilà ce qui s'appelle « avoir une expérience directe des choses ».

---

6. Voir glossaire : *container of consciousness.*

Les différences de terminologie créent souvent de la confusion dans l'esprit des méditants. Certaines questions reviennent régulièrement : quel est le rôle de l'observateur dans tout cela ? L'observateur est-il le témoin ou est-il différent de lui ? En général, il n'y a pas plus d'observateur que de témoin. Il y a simplement la description de différentes étapes dans le continuum de la conscience qui s'élargit. La notion d'« observateur » intervient quand nous commençons à nous observer comme si nous étions extérieurs à nous-mêmes. Mais le sentiment d'un « moi » en tant que sujet de l'observation reste encore fortement présent. En approchant du stade du témoin, nous faisons l'expérience d'un état de calme et d'espace, et nous ressentons moins l'impression d'être « moi », le témoin, mais ce n'est pas parce que nous nous distançons de l'expérience. En fait, dans la conscience témoin, nous avons un fort sentiment de présence et de connexion. Mais ces descriptions du continuum de la conscience restent théoriques. L'important est d'avoir une expérience directe de ce continuum, par nous-mêmes, de l'intérieur.

Un aspect essentiel de l'expérience directe est que, plus nous la ressentons, moins nous sommes piégés par les pensées. L'inverse est également vrai : plus nous sommes pris par nos pensées, moins nous sommes capables d'être directement dans l'expérience. C'est pourquoi la technique d'étiquetage des pensées est préliminaire et complémentaire de l'expérience directe : tant que nous croyons à la réalité de nos pensées, nous restons enfermés dans le monde mental, coupés de la réalité physique de l'instant.

Tandis que nous apprenons à observer nos schémas de pensée et à les étiqueter, nous commençons peut-être à remarquer qu'ils sont souvent directement liés aux stratégies de comportement que chacun de nous met en œuvre pour faire face aux difficultés du quotidien. Par exemple, si notre stratégie habituelle consiste à vouloir toujours tout maîtriser, nous remarquerons que la planification occupe beaucoup notre esprit. Ce n'est pas une coïncidence : même en méditant, nous poursuivons simplement notre stratégie habituelle. Si nous craignons constamment que tout s'effondre autour de nous, nous ferons notre possible pour éviter d'affronter cette peur et nous passerons notre temps de méditation perdus dans nos projets, essayant d'échapper à l'inconfort de ne pas maîtriser les situations. La pratique consiste à repérer cette dynamique aussi clairement que possible. Ainsi, quand nous voyons se répéter le schéma qui nous est propre, quel qu'il soit, nous étiquetons nos pensées pour ne pas nous y égarer. À mesure que nous nous familiarisons avec ce type de pensées, nous pouvons leur donner une étiquette générique – par exemple « planifier » – avant de retourner à la conscience du corps. En reconnaissant que planifier est, au moins en partie, un moyen de cacher notre inconfort, nous retournons vers le corps, conscients qu'il est peut-être nécessaire que nous ressentions cet inconfort. De fait, il nous est plus facile d'avoir l'expérience directe d'un moment d'inconfort quand nous ne sommes pas perdus dans notre monde intérieur en croyant que toutes nos pensées disent vrai.

Comment vos schémas de pensée suivent-ils vos stratégies de comportement ? Si vous passez beaucoup de temps à fantasmer pendant la méditation, êtes-vous capable de voir que c'est dans la lignée de votre stratégie habituelle qui consiste à rechercher plaisir et distraction pour éviter l'angoisse d'exister[7] ? Quand cela devient clair, mettez à ces pensées l'étiquette « fantasmer » et retournez à l'inconfort physique qui a engendré le désir de fuite. Si vous avez tendance à vous perdre dans votre mélodrame, à revivre ou à imaginer des conversations, faites-vous le lien entre ce schéma de fonctionnement et la stratégie qui consiste à tout faire pour éviter la peur d'être ignoré ou dévalorisé ? Dans ce cas, la pratique consiste à mettre sur ces pensées l'étiquette « discuter » ou « dramatiser », puis à retourner à la réalité physique du « trou » d'où vient ce désir de se sentir confirmé dans son existence.

Il faut savoir que quand nos pensées ne sont pas vues et étiquetées clairement, il est très difficile d'avoir une *expérience directe* au niveau physique, parce que nous croyons à la réalité des pensées qui s'infiltrent.

---

7. Voir glossaire : *anxious quiver of being.*

Il arrive, surtout quand on est pris dans une réaction émotionnelle confuse et intense, que l'afflux des pensées soit tellement important qu'il est difficile de voir ce qu'il faut étiqueter. Mais nous pouvons toujours inventer une pensée très générale qui, une fois étiquetée, clarifiera le chaos mental. Par exemple, quand je me réveillais tôt le matin avec des pensées d'angoisse à n'en plus finir, ce n'était pas le contenu précis de ces pensées qui avait de l'importance. Elles apparaissaient à cause de mon besoin de maîtriser la situation, d'éviter la peur du chaos. Alors je me disais : « Je crois à cette pensée : la situation m'échappe, je dois la maîtriser. » En fait, cette pensée précise ne m'avait jamais traversé l'esprit, mais je l'avais créée pour résumer et simplifier le chaos mental. Le fait de mettre des mots sur ce processus me permettait de retourner à la réalité physique de l'instant. Quand nous sommes prisonniers des pensées, notre capacité à faire l'expérience directe de l'instant nous échappe. Plus nous nous observons et apprenons à nous connaître avec lucidité, plus nous sommes capables de voir clair dans nos schémas de pensées, ce qui nous permet de pénétrer dans le domaine de l'expérience directe de l'instant présent.

Mais, même quand nous voyons clairement nos pensées et que nous les étiquetons, il est difficile de rester dans le domaine de l'expérience directe, en particulier au début de la pratique. Pourquoi, même assis en méditation, est-il si dur de demeurer simplement dans son corps ? À quoi résistons-nous ? Nous devons être très honnêtes pour le voir. Souvent, nous ne voulons pas rester dans l'instant présent plus de quelques secondes.

Au niveau le plus superficiel, notre difficulté à demeurer dans le domaine de l'expérience directe provient peut-être du fait qu'il ne nous est pas familier. On ne nous a pas appris à ressentir, à être présents, à habiter le monde sensoriel. L'éducation classique consiste en grande partie à développer le processus de la pensée. Notre culture est également orientée vers le renforcement de la sécurité et du confort. Ainsi, le simple fait d'aller à contre-courant d'années de conditionnement en apprenant à être présent requiert une pratique répétée.

En outre, quand nous nous autorisons à demeurer dans l'instant présent, il arrive souvent que cela nous déplaise profondément. Nous sommes alors susceptibles d'entrer en contact avec le bourdonnement sous-jacent que j'appelle « l'angoisse d'exister ». Nous pouvons avoir la vague sensation de perdre pied ou sentir le « trou » du mal-être au cœur de notre blessure ouverte. Nous essayons presque toujours de résister à ces ressentis parce qu'ils sont extrêmement inconfortables. Nous nous écartons de cette instabilité pour nous réfugier dans la fausse sécurité de nos pensées.

C'est d'autant plus vrai quand nos réactions émotionnelles sont fortes. Par exemple, si une grande angoisse apparaît, l'intensité de la peur peut être perçue comme une mort. Même quand nous pensons à pratiquer – en considérant cette angoisse comme un outil de travail pour avancer sur la voie, et non comme quelque chose à fuir –, nous avons peut-être du mal à rester à l'écoute de cette sensation d'angoisse. Étiqueter les pensées nous aide, parce que nous n'alimentons plus l'émotion avec des croyances telles que : « J'en suis incapable », ou « C'est trop dur ». Pourtant, même quand nous réussissons à étiqueter nos pensées, donc à prendre un peu de recul par rapport à elles, il se peut que nous résistions encore au malaise physique induit par l'angoisse ; nous résistons parce que cette sensation nous est désagréable.

Cependant, au fil de la pratique, nous découvrirons peut-être que ces émotions fortes qui ressemblent à une mort ne sont pas la mort. En réalité, elles ne sont rien de plus qu'un amalgame de pensées auxquelles nous croyons et de sensations physiques fortes ou désagréables. Quand nous acceptons de rester simplement en contact avec le ressenti physique de l'émotion, cela nous devient de plus en plus évident. Avec de la persévérance et des efforts, nous découvrons qu'il est possible, par l'expérience directe, de transformer nos réactions émotionnelles compactes en quelque chose de beaucoup plus poreux. Elles ne vont pas disparaître (même si cela peut se produire), mais nous les considérons avec beaucoup plus de légèreté.

Par exemple, il m'est arrivé de traverser une période de grand découragement dans ma pratique spirituelle. J'avais l'impression de stagner, tout en sachant au fond de moi que je refusais de faire tous les efforts nécessaires. J'en suis arrivé au point où j'ai commencé à me remettre sérieusement en question ; le découragement et le doute ont formé une spirale qui m'a entraîné dans un état d'angoisse et de désespoir. Je me demandais pourquoi je me compliquais la vie à pratiquer alors que rien ne semblait aller bien.

Je suis allé voir Joko pour lui expliquer ce qui m'arrivait et elle m'a demandé tout de suite quelles étaient les pensées auxquelles je croyais le plus. J'ai réalisé alors que je n'en savais rien, car j'avais même oublié d'essayer d'étiqueter mes pensées. Elle m'a demandé également si j'étais capable de rester en contact avec le ressenti physique de mon état émotionnel.

Les jours suivants, dès que le découragement ou l'angoisse apparaissait, je commençais par me demander quelles étaient les pensées auxquelles je croyais. Quand celles-ci s'éclaircissaient, je leur mettais une étiquette : « Je crois à la pensée que rien n'a d'importance », « Je crois à la pensée que je n'y arriverai jamais », « Je crois à la pensée que ça ne sert à rien ». Il m'arrivait souvent de devoir étiqueter une même pensée qui revenait sans cesse. Mais une fois que le scénario s'est dessiné plus précisément, il m'est devenu plus facile d'entrer directement en contact avec le ressenti physique de l'émotion. Il y avait encore de la résistance aux sensations désagréables, en particulier aux sensations physiques de malheur et d'angoisse au niveau de l'estomac. Mais je restais conscient de ce ressenti physique, et la densité de l'émotion a progressivement changé. Au lieu de rester compacte, l'émotion a commencé à se désagréger en petits fragments de pensées étiquetées et de sensations qui défilaient à grande vitesse. Même s'il restait un résidu de sensations, il ne s'agissait plus de ce que j'aurais normalement qualifié de « découragement » ou d'« angoisse ».

Dans cet exemple, grâce à la pratique de l'expérience directe, nous pouvons toujours ressentir une certaine angoisse mais pas « être » angoissés. Nous ne nous identifions plus autant au « moi » ou à « mon angoisse », mais à la conscience élargie que nous appelons « le témoin ». À partir de cet élargissement naît un silence dans lequel nous pouvons ressentir ce qui se passe. Notre conscience est comme le ciel et tout le contenu de la conscience – pensées, émotions, états d'esprit – ressemble à des nuages qui passent. Quand nous avons une expérience directe de nos émotions, nous comprenons peu à peu qu'elles ne sont pas aussi denses et compactes qu'elles le paraissent. Cette chose que nous appelons « émotion » n'est qu'un amalgame de pensées et de sensations et, comme un nuage, elle n'a pas de véritable substance. Mais la seule façon d'obtenir vraiment cette compréhension, c'est justement la pratique de l'expérience directe, qui permet de devenir pleinement conscient de la réalité physique de l'instant.

Que dire de ces occasions où nous pouvons vraiment nous poser dans la méditation ? Que dire de ces moments où nous avons une expérience directe de l'agréable sensation d'être immobile et paisible, l'esprit clair ? Pourquoi ne pouvons-nous y demeurer ? Pourquoi quittons-nous l'instant présent quand il semble positif ? Parfois, c'est un mouvement très net et rapide qui nous éloigne de l'instant présent, comme si celui-ci présentait un danger. Quel danger ? Quand nous demeurons dans le présent, que nous sommes moins pris par les pensées, l'emprise du « moi » se relâche. Or sentir se dérober sous ses pieds le sol familier de l'identification au « moi » peut vraiment sembler dangereux. Plus nous lâchons, plus nous avons le sentiment de perdre pied. Le fait que nous résistions à ce moment-là, que nous retournions au monde des pensées, peut se comprendre. Pourtant, si nous aspirons à la libération, nous devons pratiquer pour retourner là où le sol se dérobe.

Pourquoi devons-nous y retourner ? Pourquoi est-il tellement nécessaire de demeurer dans l'instant présent ? Nous le devons, car il est le seul à pouvoir nous mettre en contact avec ce qui est réel. Et ce n'est qu'en étant en contact avec ce qui est réel que nous pouvons ressentir la satisfaction que nous recherchons tous dans la vie. Même si, dans l'instant présent, nous sommes saisis par la peur, la clé de la liberté tient dans l'expérience directe de la réalité physique de la terreur. C'est là que notre « moi », nos années de conditionnement, nos blessures ouvertes et la carapace que nous avons construite pour les protéger – tout ce qui est inscrit jusque dans nos cellules – peuvent trouver des réponses. L'expérience directe nous transforme parce qu'elle s'infiltre dans l'apparente compacité de cette mémoire cellulaire. À partir de la conscience témoin plus vaste, ce sentiment de « moi » étriqué, avec toutes ses émotions douloureuses non désirées, commence à se dénouer. Nous le voyons alors tel qu'il est en réalité : un amalgame de pensées que nous croyons vraies, de sensations désagréables et de vieux souvenirs ! Nous cessons de nous identifier à ce petit « moi » étriqué et commençons à nous identifier à la sphère plus vaste et plus spacieuse de la conscience elle-même.

Grâce à l'expérience directe, nous comprenons que nous sommes plus que ce corps, plus que ce drame personnel. En acceptant de retourner à la réalité physique du moment présent, nous nous relions à la Vie – l'énergie inconditionnée –, tandis qu'elle coule dans notre corps conditionné. Je ne parle pas d'un état de conscience mystique qui nécessiterait des années de méditation dans l'isolement d'un monastère. Je parle d'un doux effort pour arriver à accepter de faire simplement l'expérience directe de notre vie telle qu'elle est. Au fil de la pratique, nous rencontrerons naturellement des résistances. Nous jugerons : « Ça ne marche pas », ou « Je n'y arriverai jamais ». Comme toujours, il nous est conseillé de persévérer, de voir nos résistances et nos jugements pour ce qu'ils sont, et de revenir à l'expérience directe de demeurer avec ce qui est.

5

Le quatre-vingt-quatrième problème

Un jour, un fermier alla voir le Bouddha pour lui parler de ses problèmes. Il décrivit ses difficultés : combien son travail était compliqué, tant à cause de la sécheresse que de la mousson. Il parla au Bouddha de son épouse : il l'aimait mais il y avait certaines choses chez elle qu'il aurait bien voulu changer. Même refrain en ce qui concernait ses enfants : oui, il les aimait, mais ils n'évoluaient pas comme il l'aurait souhaité. Quand il eut fini, il demanda comment le Bouddha pouvait l'aider à résoudre ses soucis.

Le Bouddha répondit :

« Je suis désolé, mais je ne peux pas vous aider.

– Comment est-ce possible ? s'écria le fermier. Vous êtes censé être un grand maître !

– Je vais vous expliquer, répondit le Bouddha. Tous les êtres humains ont quatre-vingt-trois problèmes, c'est un fait. Bien sûr, certains problèmes disparaissent de temps en temps mais, bien vite, d'autres les remplacent. Nous aurons donc toujours quatre-vingt-trois problèmes.

– À quoi sert donc votre enseignement ? répliqua le fermier indigné.

– Mon enseignement ne peut pas alléger les quatre-vingt-trois problèmes, mais il est possible qu'il soulage le quatre-vingt-quatrième, répondit le Bouddha.

– Et quel est-il ? demanda le fermier.

– Le quatre-vingt-quatrième problème est que nous ne voulons pas avoir de problèmes. »

Même si nous n'en sommes pas pleinement conscients, nous croyons au fond de nous que si nous pratiquons assez longtemps et assez intensément, nos problèmes disparaîtront. Derrière cette croyance secrète s'en cache une autre, encore plus profonde : la vie ne devrait pas nous faire souffrir. Ce sont souvent ces croyances fermement ancrées en nous qui nous poussent à pratiquer, mais il faut savoir que le but de la pratique n'est pas de nous offrir une vie sans difficultés. La pratique permet de nous éveiller à la vérité de qui nous sommes vraiment. Quand nous menons une vie de pratique, notre façon d'aborder les problèmes peut certes être moins pesante mais, en tant qu'êtres conditionnés vivant dans un monde plein de confusion, nous aurons toujours des difficultés. Nous aurons toujours quatre-vingt-trois problèmes.

Espérer que nos difficultés disparaîtront est vraiment notre principal problème. Nous résistons à notre vie telle qu'elle est parce que, si nous acceptions de la voir ainsi, cela signifierait abandonner nos idées sur ce qu'elle devrait être. Il ne se passe pas un instant sans que nous souhaitions que la vie soit autre que ce qu'elle est. Cette résistance est inhérente à l'être humain. La plupart des gens ne veulent pas se réveiller. Nous préférons nous accrocher à nos croyances, et même à notre souffrance. Nous ne voulons pas renoncer à nos illusions, même si elles nous rendent malheureux. L'un des grands défis, dans la vie de pratique, c'est que celle-ci finit par mettre en évidence tous les problèmes que nous ne voulons pas affronter. Alors nous résistons. Cette résistance est elle-même une réaction conditionnée ; c'est l'effort de l'ego pour garder le contrôle, la peur d'abandonner le connu, même si ce connu nous rend malheureux.

La résistance revêt de nombreux aspects. Nous pouvons refuser de nous asseoir en méditation, choisir de nous évader dans le monde des pensées, refouler ou éviter les douleurs émotionnelles, nous accuser de tous les défauts ou dénigrer notre vie. Quelle que soit la forme qu'elle peut prendre, la résistance n'apporte pas la paix. En réalité, nous donnons de la force aux choses auxquelles nous résistons parce que nous les solidifions, nous leur accordons le pouvoir de s'installer dans notre vie.

Mais le contraire est également vrai. Quand nous acceptons d'accueillir la vie telle qu'elle est, qu'elle nous plaise ou non, notre relation à ce que nous avons voulu éviter commence à changer. Jusque-là, nous pensions sans doute que nous n'avions pas d'autre choix que de repousser ces choses, mais quand nous observons notre résistance, nous voyons que ce schéma ne fait que perpétuer la souffrance. Nous commençons à entrevoir qu'il est possible d'adoucir notre position en apportant la touche légère de l'attention dans les recoins où nous ne voulions jamais aller. Le simple fait d'être prêts à regarder au lieu de résister suffira à nous détendre, et peut-être même à ouvrir un espace au sein duquel nous pourrons avoir une expérience directe de ce à quoi nous résistions.

Cela me rappelle une histoire que raconte Pema Chödrön à propos d'une de ses amies d'enfance qui faisait toujours le même cauchemar : des monstres féroces la poursuivaient dans une maison, et chaque fois qu'elle fermait une porte derrière elle, les monstres l'ouvraient et lui faisaient peur. Pema lui a demandé à quoi ressemblaient ces créatures et son amie a réalisé alors qu'elle ne les avait jamais vraiment regardées. Quand le cauchemar est revenu, elle a réussi à arrêter de courir alors qu'elle s'apprêtait à ouvrir une porte pour tenter d'échapper aux monstres. Elle s'est retournée et leur a fait face. Ils étaient immenses et horribles à voir mais ils ne l'ont pas attaquée ; ils se sont contentés de sauter sur place. Quand elle a regardé de plus près, ces créatures en trois dimensions et en couleur ont commencé à se ratatiner pour devenir des formes noires et blanches en deux dimensions. Elle s'est alors réveillée et n'a plus jamais refait ce cauchemar.

C'est parce que nous repoussons nos « monstres » que nous les rendons tellement réels. Quand nous commençons à percer la solidité de cette résistance, notre vie devient plus malléable. Même si nous n'aimons pas notre vie telle qu'elle est, nous ne sommes pas obligés d'entrer en guerre avec elle. Nous pouvons commencer par observer toutes les façons dont nous évitons d'être conscients de l'instant présent, toutes les façons dont nous évitons la pratique, toutes les façons dont nous résistons. Nous le voyons dans presque tout ce que nous faisons : quand nous n'avons pas envie de nous asseoir en méditation, quand nous sommes incapables de rester présents plus de quelques secondes à notre ressenti physique, quand nous choisissons de nous évader dans des élucubrations interminables sur le passé et le futur ; quand nous nous laissons aller à croire à des pensées telles que : « C'est trop dur », « Je n'y arrive pas », « Je ne serai jamais à la hauteur ». Nous constatons que nous sommes une machine à résister bien huilée !

De fait, la résistance est l'un des obstacles les plus pénibles de la pratique. Il arrive qu'elle se manifeste brusquement et sous de nombreux aspects. Souvent, quand nous sommes face à cette difficulté – quand nous refusons purement et simplement de pratiquer –, nous émettons des jugements que nous nous empressons de croire. Nous concluons ainsi, par exemple, que nous ne sommes bons à rien ou que la pratique ne nous convient pas. Il faut que de tels jugements soient clairement vus et étiquetés souvent avant que nous puissions nous libérer de leur poids. Si nous ne parvenons pas à apporter un peu d'espace à des croyances aussi pesantes et aussi rigides, nous allons solidifier encore plus notre résistance en renforçant nos positions habituelles pour éviter d'entrer dans la vie de pratique. Mais quand ces pensées sont clairement vues, nous pouvons arrêter de juger négativement ce à quoi nous résistons. Nous pouvons également arrêter de juger notre « moi » qui résiste. Nous pouvons, au contraire, développer la curiosité qui nous permettra de nous retourner et de faire face à ce que nous avons évité jusque-là. Peut-être même allons-nous pouvoir envisager chaque résistance comme une occasion d'apprendre.

Quand j'ai enfin été prêt à cesser de fuir mes peurs, Joko Beck m'a donné un outil de pratique qui s'est avéré très précieux pour travailler sur les situations non désirées. Cette pratique consiste à poser la question : « Qu'est-ce que c'est ? » En réalité, cette question est un *koan* zen[8], car il est impossible que la réponse vienne d'une réflexion sur la situation ; elle ne peut

---

8. Un *koan* est une courte phrase ou brève anecdote apparemment dépourvue de sens ou paradoxale utilisée dans certaines écoles du bouddhisme zen comme objet de méditation ou pour déclencher une expérience d'éveil.

venir que d'une expérience directe. En fait, la réponse est l'expérience directe de l'instant présent, et rien d'autre. Dans l'histoire de Pema par exemple, quand son amie se retourne pour regarder les monstres, ce qu'elle fait finalement, c'est demander : « Mais qu'est-ce que c'est[9] ? »

Que la résistance se manifeste par la recherche de distractions, par des rêveries, des fantasmes, des projections ou une fuite dans le sommeil, demandons-nous : qu'est-ce que c'est ? Qu'est-ce qui bloque la présence consciente à cet instant ? Prenez une minute, maintenant, pour être simplement présent. Soyez conscient de toute forme de résistance à l'idée d'être présent à l'instant. Demandez-vous : « Mais qu'est-ce que c'est ? » Comment ressentez-vous la résistance au niveau physique, dans votre corps ? Quelle est son essence ? Où est-elle logée ? Quelle est sa texture ? A-t-elle une voix ?

Posez-vous encore la question : « Mais qu'est-ce que c'est ? » Essayez de rester dans le ressenti de l'expérience. Si vous vous en éloignez, revenez au présent et reposez la question. Restez avec la résistance. Allez plus en profondeur. Est-ce à un malaise physique que vous résistez ? À un malaise émotionnel ? Pouvez-vous y apporter la touche légère de l'attention ? Pouvez-vous y rester encore présent, le temps d'une

9. Voir glossaire : *What is this* ?

respiration de plus ? Pouvez-vous vous ouvrir à l'expérience de ce qu'est cette résistance ?

Tant que nous ne serons pas prêts à faire pleinement l'expérience directe de cette résistance dans la perspective d'une conscience plus vaste, nous continuerons à patauger dans notre pratique. Ce n'est qu'après les nombreuses déceptions dues à notre résistance à la pratique que nous serons prêts à demeurer au cœur même de la résistance. C'est seulement alors que nous serons assez curieux pour faire de la résistance même l'objet de notre pratique. Quand nous commençons enfin à demeurer dans notre résistance, quand nous commençons à ressentir directement combien nos stratégies de protection et de recherche de confort nous retiennent et nous enferment, quand nous commençons à affronter les choses que nous avons toujours refusé d'affronter, un pont s'élève pour nous mener vers une vie d'authenticité. C'est alors que les fruits de la pratique – un certain sentiment de liberté, d'ouverture, de gratitude – commencent à se manifester dans la vie quotidienne.

Accepter d'accueillir tout ce qui nous arrive, ne pas repousser ce qui ne nous plaît pas – voilà ce que signifie dire « oui à la vie ». Mais nous ne pouvons pas nous forcer à dire oui, de même que nous ne pouvons pas, honnêtement, prononcer cette expression si familière : « Pas de problème ! » Les mots « pas de problème » ont effectivement du sens, à un niveau profond, mais nous en sommes loin tant que nous

nous accrochons à notre désir profondément ancré de ne pas avoir de problèmes. Il est certain que nous essaierons de nous accrocher à ce désir ; c'est ce que font tous les humains. Néanmoins, quand nous suivons la voie de la pratique, notre seule option consiste, encore et toujours, à accueillir tout ce qui fait notre vécu parce que la seule alternative serait de nous obstiner à repousser la vie, avec toute la souffrance que cela engendre.

6

Les trois aspects de l'assise

La méditation ne peut pas s'apprendre en se contentant de lire ou de réfléchir à la question. Pour éveiller une clarté de l'esprit fondée sur une compréhension authentique, nous devons en avoir une expérience personnelle, directe. Néanmoins, il est bon d'avoir une vue d'ensemble de ce qu'est la pratique de la méditation assise, même si cela demeure en partie une démarche intellectuelle. Combien de fois vous êtes-vous dit, au cours d'une méditation assise, que vous ne saviez même pas quelle était la pratique de base ? Combien de fois vous êtes-vous demandé : « Mais que suis-je censé faire maintenant ? » Cette confusion fait partie de la voie de la pratique et c'est une bonne raison pour que nous revoyions de temps à autre les instructions fondamentales de l'assise.

On peut considérer qu'il y a trois facettes à développer dans la pratique de la méditation. Elles ne sont pas vraiment séparées ni distinctes, elles forment un continuum ; mais, pour plus de clarté, nous les décrirons comme s'il s'agissait d'entités séparées.

Le premier aspect de l'assise consiste à *habiter le corps* ; c'est le fondement même de la pratique. Quand nous nous asseyons pour méditer, nous commençons par adopter une posture particulière. L'important n'est pas la posture que nous prenons, mais le degré d'attention que nous portons au ressenti physique de cette posture. Habiter le corps signifie être éveillé, attentif, présent à ce qui se passe vraiment. Dès lors, même si certaines postures sont plus propices que d'autres à cet état de présence consciente, nous pouvons méditer assis dans un train, debout ou allongés sur un lit.

Il est utile de toujours suivre le même cheminement pour amener la conscience à la réalité physique de l'instant, en particulier quand on commence à s'asseoir pour méditer. Par exemple, quand je m'assieds, je me pose la question : « Que se passe-t-il en ce moment ? » J'entre alors en contact avec mon état physique, avec mon état mental et émotionnel, et avec les stimulations extérieures, comme la température, les bruits, la lumière, etc. Il ne faut que quelques secondes pour faire ainsi le point, mais c'est suffisant pour me faire sortir du mental et m'enraciner plus concrètement dans le monde physique. Il ne s'agit pas de *penser* au corps, aux émotions ou à l'environnement, mais de les ressentir vraiment. Après avoir ainsi fait rapidement le point de la situation, j'oriente à nouveau mon attention vers la posture, en me disant: « Veille à ce que la tête se redresse de telle sorte que le bas du dos puisse s'allonger, s'élargir et se détendre. » Ce rappel me fait entrer encore davantage dans le ressenti corporel. Tout au long de l'assise, chaque fois que je surprends des pensées vagabondes, j'utilise ce rappel pour ramener mon attention à l'instant présent. Fondamentalement, habiter le corps signifie simplement être présent, ici.

Normalement, après m'être bien installé dans la posture assise, je me concentre sur la respiration pendant quelques minutes. Je ne pense pas à la respiration: je porte mon attention sur les sensations réelles de l'air qui entre et sort de mon corps. Pendant cette brève période, quand des pensées surviennent, je ne les étiquette pas. Je resserre mon attention en la centrant uniquement sur le ressenti de la respiration. Le bienfait de cette pratique est qu'elle permet de se poser paisiblement dans la posture assise.

Mais le bienfait de cette (et de toute) pratique de concentration – tenir le reste du monde à l'écart – est aussi une limite. Le but de la pratique est de s'ouvrir à la vie, pas de s'en tenir à l'écart. Se concentrer longuement sur la respiration apporte certes calme et détente, ainsi que le sentiment d'être centré et concentré, mais ce n'est pas le but de l'assise. Même s'il est très satisfaisant d'avoir des expériences spéciales et agréables, la voie de la méditation est la voie de l'Éveil, ce qui signifie que nous sommes censés être présents et attentifs à tout ce qui peut survenir. En définitive, il s'agit d'apprendre à accueillir la vie telle qu'elle se présente à nous. Par conséquent, bien que les pratiques de concentration soient assurément très utiles à certains moments, nous aspirons à passer l'essentiel de notre temps d'assise dans une attention plus ouverte et plus vaste.

Pour faire la transition entre la concentration sur la respiration et l'ouverture de l'attention, je fais généralement quelques séries de Trois-par-Trois. Cela m'oblige à rester concentré et, en même temps, à élargir le champ de mon attention. Les exercices de Trois-par-Trois permettent d'enraciner la pratique et évitent que l'ouverture de l'attention ne soit trop vague et indolente.

Pourtant, l'ouverture de la conscience est l'essence même de la technique consistant à « habiter le corps ». C'est là que nous prenons conscience des sensations corporelles, des pensées, des états d'esprit fluctuants et des stimulations venues de l'extérieur. J'essaie de garder à peu près un tiers de mon attention sur la respiration, pour rester enraciné, mais le principe de la pratique consiste uniquement à être attentif et conscient, à observer et ressentir tout ce qui peut se présenter. Cette approche n'a rien de spécial ; elle est sans prétention. Nous essayons de voir et de ressentir directement la vie, à l'instant où elle se manifeste, en lui permettant juste d'être là, en faisant abstraction de nos opinions et de nos jugements. Pourtant, aussi simple que soit cette approche, on y retrouve l'éternelle lutte entre « être uniquement présent à ce qui est » et les habitudes confortables et sécurisantes du monde des pensées.

Le premier aspect de l'assise – habiter le corps – a donc l'air facile et naturel mais il est, en réalité, très difficile à réaliser. Pourquoi ? Parce que *nous refusons* absolument de rester présents à ce qui est. Nous avons une forte tendance à préférer le rêve égocentrique des projections et des fantasmes. Voilà ce qui rend cette pratique si difficile : devoir constamment lutter pour être simplement présents à ce qui est, aussi peu exotique et romantique que cela puisse être. Cependant, tandis que nous sommes assis avec une attention ouverte et éveillée, et que notre corps et notre esprit s'apaisent progressivement, nous sommes en mesure de pénétrer le silence. Et dans ce silence, les pensées qui passent n'ont plus le pouvoir de nous entraîner. Nous pénétrons le silence non en essayant de le faire, mais grâce à l'effort soutenu de rester présents en laissant la vie être, tout simplement.

Le deuxième aspect de l'assise consiste *à étiqueter et à ressentir les choses directement*. Quand nous sommes assis en méditation, des émotions surgissent. Parfois, tandis que nous en prenons conscience, elles se contentent de passer. D'autres fois, elles exigent notre attention. Dans ce cas, notre pratique devient plus minutieuse : nous commençons à étiqueter nos pensées avec précision ; nous prenons conscience de notre ressenti corporel, lequel fait inextricablement partie de notre réaction émotionnelle.

Quand les émotions remontent, nous pouvons nous demander : « Mais qu'est-ce que c'est ? » La réponse à cette question n'est jamais analytique. On ne peut la trouver dans la pensée parce que l'émotion ne vient pas de là. Elle est ce qu'elle est. Nous considérons donc l'expérience en elle-même, en étant attentifs à l'endroit du corps où nous ressentons l'émotion. Nous prenons note de sa spécificité ou de sa texture, de ses facettes changeantes… et nous découvrons, comme pour la première fois, à quoi ressemble le ressenti d'une émotion.

Immanquablement, nous allons glisser de nouveau dans les pensées. Et tant que nous sommes perdus dans nos pensées, nous ne pouvons pas continuer à ressentir la composante physique de nos émotions. En fait, plus l'émotion est intense, plus nous voulons croire à nos pensées. La pratique consiste donc à étiqueter les pensées, encore et encore, pour les voir clairement et cesser de nous identifier à elles. Cela impliquera presque toujours d'aller et venir entre l'étiquetage des pensées et le ressenti.

Apprendre à rester ainsi avec nos émotions, à habiter en elles, nous permet de voir que, la plupart du temps, notre détresse émotionnelle s'appuie sur notre conditionnement, en particulier sur les décisions et les croyances engendrées par ce conditionnement. Nous arrivons à voir que ces réactions émotionnelles, que souvent nous craignons et préférons éviter, ne sont rien d'autre que des pensées auxquelles nous croyons et des sensations physiques fortes ou désagréables. Nous voyons que, quand nous sommes prêts à les ressentir avec précision et ouverture, nous n'avons plus besoin d'en avoir peur ni de les repousser. C'est ainsi que notre système de croyances se clarifie.

Le troisième aspect de notre pratique de la méditation assise consiste à *s'ouvrir au cœur de l'expérience*. Lorsqu'il nous arrive de ressentir des émotions denses, intenses, voire accablantes, lorsque nous sommes dans une telle confusion que nous ne savons même plus comment pratiquer, que pouvons-nous faire ?

Quand il ne nous est plus possible d'étiqueter nos pensées, la pratique consiste à respirer avec la réaction douloureuse au centre de la poitrine. Même s'il nous faut, à un moment ou à un autre, clarifier les pensées auxquelles nous croyons à tort et qui font inextricablement partie de nos réactions émotionnelles, pour l'instant nous nous ouvrons simplement à nos peurs et à nos humiliations les plus profondes. À chaque inspiration, nous attirons nos sensations physiques tourbillonnantes vers le centre de la poitrine, lequel devient ainsi un « réceptacle de conscience[10] » pour nos émotions fortes. Nous n'essayons pas de changer quoi que ce soit ; nous apprenons seulement à ressentir pleinement nos émotions. Pourquoi ? Parce que

---

10. Voir glossaire : *container of awareness*.

les émotions pleinement ressenties pourront pénétrer notre armure d'autoprotection et réveiller notre cœur. Pleinement ressenties, nos émotions peuvent ouvrir la voie au profond puits d'amour et de compassion qui est l'essence de notre être.

C'est dans ces moments les plus sombres, quand nous nous sentons submergés, que nous sommes le plus aptes à nous juger sévèrement. Nous aurons tendance à solidifier les croyances fondamentales les plus négatives que nous avons sur nous-mêmes et à nous considérer comme faibles, ratés, nuls. C'est à ce moment-là que nous aurons le plus besoin de cœur, de gentillesse, de légèreté dans la pratique. Nous apprenons donc à respirer dans l'espace du cœur pour couper court au regard critique que nous portons toujours sur nous-mêmes. Tandis que nous respirons dans cet espace, que nous transperçons notre armure et éveillons notre cœur, nous pouvons nous ouvrir à une conscience plus bienveillante envers nous-mêmes et envers la condition humaine. Nous pouvons nous percevoir comme un enfant innocent en détresse : sans jugement, avec tolérance et gentillesse. Le fait d'accepter de respirer au niveau du cœur, de rester dans cet espace *juste pour une respiration de plus*, nous prouve que nous avons la force et le courage de persévérer.

En nous ouvrant au cœur de l'expérience, nous pouvons arriver à comprendre que *tout* peut être résolu. C'est l'un des points clés de la pratique. Inévitablement, il arrive que nos efforts pour habiter le corps, pour étiqueter et ressentir les choses directement, « échouent ». Nous allons connaître des périodes d'inspiration et d'effort, suivies de moments d'aridité et d'apathie. Dans la pratique, les hauts et les bas sont prévisibles et inévitables. Le problème, c'est quand ces hauts et ces bas deviennent l'occasion de nous prendre pour des ratés ou des superstars. Il faut toujours contrer cette tendance en persévérant, tout simplement : être encore attentifs à une respiration, étiqueter encore une pensée, faire encore l'expérience directe d'une sensation, entrer encore une fois dans l'espace du cœur. Nous pouvons alors sentir par nous-mêmes qu'il est possible de travailler sur tout ce qui se présente. Ce n'est peut-être pas possible aujourd'hui, mais c'est possible. En fait, il faudra peut-être des années de travail autour des trois aspects de l'assise pour que cette compréhension prenne vie pour nous.

Jusque-là, j'ai parlé de ces trois facettes de l'assise – habiter le corps, étiqueter et ressentir les choses directement, s'ouvrir au cœur de l'expérience – comme si elles étaient distinctes. En vérité, même si chacune implique un aspect différent de la pratique, elles ont en commun un point essentiel : elles exigent toutes les trois que nous soyons dans la conscience de l'instant présent. C'est toujours à cela que revient notre pratique : être simplement là, présents à ce qui est. En permettant constamment à la lumière de l'attention de briller sur la confusion et l'angoisse de l'instant présent, nous brisons les circuits de notre conditionnement. C'est un cheminement progressif qui nous transforme et nous conduit à la liberté.

II

Pratiquer avec la détresse émotionnelle

7

Notre vie de substitution

C'est l'histoire d'un homme ambitieux, méditant de longue date, qui vient à la rencontre d'un maître zen. À peine est-il assis que le maître lui demande : « Quel est le problème essentiel de l'être humain ? » L'homme réfléchit, puis répond : « Nous ne sommes pas éveillés. » Le maître réplique : « Oui, mais ce ne sont que des mots. Il s'agit là de ta pensée. » Il sonne la cloche et renvoie l'homme. Perturbé, celui-ci continue à réfléchir. « Quel est le problème essentiel de l'être humain ? » Il est bien décidé à trouver la réponse. Quand il retourne voir le maître une semaine plus tard, celui-ci lui demande : « Alors, as-tu trouvé quel est le problème essentiel de l'être humain ? » L'homme répond : « Oui. Le problème essentiel de l'être humain est que nous pensons trop ; nous nous identifions à nos pensées ; nous croyons que nos pensées disent la vérité. » Le maître répond : « Encore une fois tu ne fais que penser. C'est en toi que tu dois voir le problème essentiel de l'être humain.» L'homme repart, complètement découragé.

Déterminé à trouver la réponse juste, l'homme sort tous ses livres sur le Zen pour lire et étudier. Quand il retourne voir le maître, il arrive tout fier, se pavanant, certain d'avoir trouvé la réponse à la question. Conscient de son état d'esprit, le maître lui demande : « Quel est le problème essentiel de l'être humain ? » Et l'homme répond : « Il n'y a pas de problème. » Comme il est fier de sa réponse ! Mais le maître le regarde fixement et rétorque : « Alors, que fais-tu ici ? » À cet instant, l'homme se tasse sur lui-même : ses épaules s'affaissent, sa tête tombe, il se sent profondément humilié. Le maître, qui l'observe intensément, lui demande : « Que ressens-tu maintenant ? » Sans même lever les yeux, l'homme répond : « Je n'ai plus qu'une envie : me cacher dans un trou. » Le maître lui dit alors : « Si tu arrives à ressentir cela pleinement, tu comprendras le problème essentiel de l'être humain. »

Une vie de pratique – c'est-à-dire fondée sur une pratique spirituelle – revient presque toujours à traiter de ce que nous pourrions appeler le problème essentiel de l'être humain. Mais ce problème n'est pas intellectuel. Nous ne pouvons pas nous contenter de nous asseoir et tenter de le résoudre avec la tête, comme l'homme de notre histoire. En fait, essayer de le résoudre intellectuellement fait justement partie du problème que nous rencontrons. Nous devons être capables de voir ce problème et de le ressentir de l'intérieur pour pouvoir le comprendre.

L'origine du problème humain est que nous menons ce que j'appelle « une vie de substitution[11] ». À cause de notre profond besoin de protection, de sécurité et de confort, nous avons fabriqué tout un dédale de constructions mentales et de stratégies pour éviter d'être présents à notre vie telle qu'elle est. Et comme nous croyons à la réalité de ce qui n'est qu'une vie de substitution, nous sommes déconnectés de la conscience de notre véritable nature, et donc de notre cœur, qui est, lui, naturellement ouvert.

Notre vie de substitution se compose de nombreuses fabrications mentales : notre identité, l'image que nous avons de nous-mêmes, notre idée de ce qu'est la vie, nos opinions et nos jugements, nos attentes et nos exigences…, que nous tenons pour absolument réelles. Comme nous sommes très fermement attachés à ces croyances, nous développons, pour faire face à la vie telle que nous l'interprétons, des stratégies de comportement qui deviennent des habitudes.

Toutes ces stratégies sont basées sur des conclusions – ou « décisions[12] » – auxquelles nous sommes arrivés quand nous étions très jeunes, à propos de qui nous sommes et du sens de notre vie. Ce sont des décisions que nous prenons pour nous aider à affron-

11. Voir glossaire : *substitute life*.
12. Voir glossaire : *core decisions*.

ter les nombreuses souffrances qui sont inévitables quand on grandit. Au départ, l'enfant se lance peut-être dans la vie avec un profond sentiment d'unité, mais quand il commence à souffrir, même superficiellement, il s'écarte peu à peu de ce sentiment d'être relié à un tout. Peut-être sent-il qu'il y a un vide en lui qu'il faut remplir. Peut-être même ressent-il la terreur d'être complètement impuissant ou absolument seul au monde.

Quand, enfants, nous sentons ce frémissement d'angoisse au fond de nous, notre instinct de protection se réveille et, à partir d'un désir naturel de sécurité et de confort, nous commençons à remplir ce vide pour occulter le noyau de souffrance.

Prenez l'exemple du tout jeune enfant qui éprouve la souffrance d'être abandonné trop longtemps dans son berceau (trente secondes peuvent suffire). Si cette expérience se répète souvent, l'enfant va développer certaines images et commencer à tirer des conclusions – à prendre des décisions fondamentales – sur ce qu'est la vie. Il peut ainsi décider que la vie n'est pas rassurante. À partir de cette croyance, il va développer des stratégies de comportement. Par exemple, choisir de s'isoler pour se sentir en sécurité. Ou décider que la vie est trop difficile, et sa stratégie consistera alors à essayer de toujours mieux se comporter, à faire tout ce qu'il faut pour dissimuler ce sentiment d'inaptitude qu'il ressent. Il peut aussi chercher l'oubli ou faire de son mieux pour être aimé. Il y a enfin, également, des stratégies de contrôle, d'agressivité ou de gaieté factice.

Dans tous les cas, nous tissons ces décisions fondamentales avec des stratégies de comportement pour en faire une étoffe d'apparence très solide, qui devient notre « vie de substitution ». Nous croyons que cette image de la réalité fondée sur nos pensées représente qui nous sommes et ce qu'est la vie. Plus nous croyons à cette vie artificielle, plus nous nous éloignons de la vie telle qu'elle est réellement.

Nous vivons à une époque où la connaissance de la psychologie est bien développée et nous avons donc naturellement tendance à nous analyser, à réfléchir sur nous-mêmes. Mais comme l'ont découvert de très nombreux chercheurs, l'introspection à elle seule ne nous apporte pas ce quelque chose d'essentiel que nous recherchons.

L'analyse n'est pas la solution au problème essentiel de l'être humain. Par contre, « mener une vie de pratique » signifie que nous sommes prêts à regarder à quel point les décisions de comportement, prises à la suite d'expériences anciennes, ont créé une vie de substitution. Nous pouvons pratiquer pour réaliser à quel point ces décisions sur qui nous sommes et ce qu'est la vie colorent et filtrent notre vie actuelle. Nous pouvons ainsi voir comment elles viennent aiguiser toutes nos expériences, repérant comme des radars les aspects de notre environnement qui confirment les conclusions que nous avons déjà adoptées.

Supposons que nous ayons très tôt conclu qu'il ne fallait faire confiance à personne. Des années plus tard, nous rencontrons une personne honnête et loyale, qui montre en toute occasion à quel point elle mérite notre confiance. Mais si elle nous donne une seule fois l'occasion de douter d'elle, nous l'accusons aussitôt avec véhémence : « Tu vois ! Je savais bien qu'on ne pouvait pas te faire confiance ! On ne peut faire confiance à personne ! » Cet incident unique prend des proportions considérables, qui nous font complètement oublier tout le vécu positif antérieur avec cette personne, parce que c'est ce à quoi nous nous attendions. Voilà comment les conclusions que nous avons tirées de notre vécu ancien façonnent littéralement notre présent. Elles ne se contentent pas de le refléter : elles colorent tout ce que nous vivons.

Une fois que nous devenons conscients des décisions fondamentales qui déterminent notre vie de substitution, nous commençons à voir comment elles se manifestent dans tous les aspects de notre existence. Par exemple, si vous voyez une de vos « décisions de comportement » à l'œuvre dans l'une de vos relations, vous pouvez être sûr que cette attitude joue également un rôle dans votre travail et même, probablement, dans votre perception de la pratique. J'ai discuté récemment avec une étudiante qui travaille avec moi depuis deux ou trois ans. Elle me parlait de la relation difficile qu'elle entretenait avec son compagnon. Après l'avoir écoutée un moment, une phrase après l'autre, je lui ai dit: «Pourquoi ne pas mettre tout cela par écrit?» Elle l'a donc fait, et j'ai proposé ensuite: «Pourquoi ne pas écrire aussi sur la manière dont vous percevez votre situation professionnelle?» Et elle l'a noté. Enfin j'ai dit: «Quel regard portez-vous sur la pratique? Quelles sont vos pensées les plus fondamentales sur votre pratique?» Et elle les a mises sur le papier. Ensuite j'ai lu ce qu'elle avait écrit, puis je lui ai tendu ses notes. Ses yeux se sont écarquillés: bien qu'elle ait utilisé des mots différents pour évoquer ces trois domaines, sa croyance fondamentale était essentiellement la même: «Je ne serai jamais assez bien. Les choses ne changeront jamais. À quoi bon?»

Cette femme était convaincue que ses pensées exprimaient la réalité: les relations humaines sont ainsi, le travail est ainsi, la pratique est ainsi. Il était évident que ses croyances fondamentales coloraient son vécu et le modelaient. Ce n'était ni son travail qui était impossible, ni son compagnon qui lui faisait du mal, ni la pratique qui était en cause; c'étaient ses croyances préprogrammées.

Ce qui est intéressant dans la façon dont nous percevons notre vie et dont nous la façonnons à travers le filtre de nos croyances profondes, c'est que nous avons tendance à mettre l'accent sur ce qu'il y a de plus négatif en nous. Nous accueillons l'image négative de qui nous sommes comme notre vérité la plus profonde, comme ce qui ne changera jamais, au grand jamais. Notre croyance de base est peut-être : « J'ai de terribles défauts », ou « Je ne serai jamais à la hauteur », ou « Je suis irrécupérable », ou « Je ne mérite pas d'être aimé ». Quelle que soit cette croyance, elle est solidement ancrée en nous. Et comme elle influence presque tout ce que nous pensons et faisons, elle rétrécit notre vie, la limite et la transforme en une souffrance que rien ne peut apaiser.

Peut-être vous dites-vous qu'il ne s'agit là que de jargon psychologique, que cela n'a rien à voir avec la « vraie » pratique ? La réponse est claire et simple : nombre de barrières qui nous empêchent de mener une vie plus ouverte, plus authentique, plus généreuse, viennent tout droit de ces croyances enracinées dans notre psyché depuis l'enfance. Elles sont comme des frontières – des frontières qui nous coupent de la conscience de notre nature véritable, de notre cœur naturellement ouvert.

La voie de la pratique consiste à *voir à travers* nos frontières, *à travers* ces séparations artificielles créées par le mental, *à travers* les images que nous avons de nous-mêmes, cette « personne spéciale » que nous voudrions être. Penser que la pratique a pour but d'atteindre un état d'éveil spirituel permanent – la paix, le silence ou tout ce que l'on voudra – n'est en réalité qu'un fantasme. La pratique doit intégrer la prise de conscience de ce que nous avons assimilé. Vivre dans l'instant présent signifie que nous sommes prêts à accueillir *tout* ce que cet instant peut contenir, y compris tout ce que nous retenons du fait de décisions prises dans le passé.

Cependant, contrairement à une approche psychologique, dont le but est peut-être avant tout que nous changions et que nous puissions nous adapter, la pratique consiste à *ressentir les choses directement*. Il s'agit de découvrir toute la vérité à propos de ce « moi » qui est à l'origine de notre vie de substitution. Tandis que nous travaillons dans ce sens, nous démontons peu à peu cette notion de « moi ». En fait, notre croyance fondamentale est : « Je suis moi », et elle a pour conséquence la profonde souffrance de se sentir séparé. Plus nous sommes capables de demeurer dans le frémissement de cette séparation, plus nous nous en rapprochons pour découvrir qu'elle n'a aucune substance. Tel est le processus d'expérience directe par lequel nous nous ouvrons à un sentiment plus vaste d'Être.

Mais pour pouvoir en faire l'expérience, nous devons commencer par voir à quel point nos conclusions sur nous-mêmes influencent tout notre comportement et comment nous utilisons machinalement nos stratégies habituelles pour conforter obstinément ces conclusions. Tandis que nous apprenons à reconnaître l'empreinte de nos décisions fondamentales sur presque tout ce que nous pensons et faisons, nous découvrons peu à peu comment cette vie de substitution est devenue notre réalité.

C'est ce que voulait dire le maître zen quand il déclarait: «Si tu arrives à vivre pleinement ce ressenti, tu comprendras le problème essentiel de l'être humain.» Si l'homme prenait conscience que sa stratégie de fonctionnement consiste à essayer d'être toujours le meilleur, à avoir toujours la bonne réponse et à en tirer le meilleur parti, il comprendrait sa vie de substitution. Quand le maître a mis à nu sa stratégie et que l'homme a éprouvé une amère déception, une ouverture s'est faite en même temps: il a eu alors la possibilité de comprendre cette dynamique de fonctionnement par l'expérience directe. Il a pu enfin voir ce qui régissait toute sa vie.

Nos réactions émotionnelles sont toujours liées à notre vie de substitution et à nos conclusions définitives sur la vie, sur ce qu'elle est censée être. Nous avons tous des attentes et des exigences vis-à-vis de nous-mêmes, des autres, de la vie. Quand les situations ne répondent pas à ces attentes, nous ressentons presque toujours de la déception, sous une forme ou une autre. Dès lors que nous pouvons voir clairement cette dynamique – et c'est là que la pratique se distingue de la psychologie traditionnelle –, nous pouvons entrer dans la phase suivante de la pratique: apprendre à *demeurer physiquement* dans le vide originel que notre vie de substitution a pour but de dissimuler et dont elle est supposée nous protéger.

Imaginons un homme dont la croyance profonde est: «Ma femme est censée veiller sur moi.»

Après une journée difficile au travail, il a hâte de rentrer auprès de son épouse pour partager avec elle tous ses tracas. Mais quand il arrive chez lui, il trouve sa femme débordée par ses propres soucis, et tout ce qu'elle souhaite, c'est en parler avec lui !

L'homme va sans doute réagir avec plus ou moins de colère. Selon ses stratégies habituelles, il va peut-être commencer par lui faire des reproches : « Pourquoi n'as-tu jamais de temps à me consacrer ? C'est toujours pareil ! » À partir de là, les choses ne feront qu'empirer. Ou bien sa stratégie consistera à étouffer ses réactions, à refouler ce qu'il ressent. À moins qu'il n'adopte la stratégie du martyr en se contentant de bouillir intérieurement, sûr de son bon droit.

La stratégie que nous retenons est le fruit de nos réactions, qui sont elles-mêmes le fruit de nos attentes. De plus, nous croyons toujours que nos réactions sont « la vérité », et c'est tout ce que nous voyons. Il est rare que nous voyions la différence entre nos attentes et nos stratégies de comportement – en général, tout cela se mélange, dans la confusion la plus totale.

Quand nous sommes en mesure de voir le lien entre nos croyances fondamentales, nos attentes, nos réactions et nos stratégies de comportement – sans les prendre pour « la » vérité mais pour les éléments constituant le tissu de notre vie de substitution –, nous sommes en mesure de comprendre ce que nous apportons à chaque situation. Dans l'exemple cité plus haut, le préalable était la croyance profonde :

« Ma femme doit prendre soin de moi. » La déception est venue de l'attente liée à ce préalable. Nous ne comprenons comment fonctionne cette dynamique que lorsque nous commençons à regarder vraiment en nous-mêmes : quelles sont nos croyances ou « décisions conditionnées » ? Et quelles sont les stratégies de comportement que nous avons développées en conséquence ?

Ensuite, ce que nous devons faire, c'est arrêter de nous laisser diriger par nos stratégies habituelles. Qu'il s'agisse de blâmer l'autre, de se justifier, de refouler ou de se complaire dans ses ruminations – quelle que soit notre « sauce » particulière –, abstenons-nous de suivre une stratégie de survie qui n'a plus lieu d'être. Il ne s'agit pas de modifier notre comportement pour agir comme une « meilleure personne ». Il s'agit de pouvoir ressentir vraiment la réaction émotionnelle que nous éprouvons. Mais pratiquer ainsi implique le désir sincère de simplement « être » avec son ressenti, même quand il est douloureux.

Dans notre exemple, supposons que l'homme éprouve une certaine colère. S'il peut vraiment rester présent à ce ressenti – en écoutant ses croyances profondes et en réalisant qu'elles ne sont pas forcément vraies, en percevant dans son corps les sensations liées à ses émotions –, il y a de grandes chances pour que la colère s'apaise. Une autre émotion peut émerger tandis qu'il continue à descendre plus profondément en lui-même. Ce sera peut-être le sentiment d'une blessure qui surgira d'une couche située sous la colère. S'il accepte d'accueillir ce sentiment, il continuera peut-être à descendre jusqu'à une couche encore plus profonde où il éprouvera du chagrin, un sentiment de tristesse et de perte. S'il reste avec cela, il se peut que cela le conduise plus loin, qu'il touche ce sentiment de peur qui sous-tend une grande partie de notre vécu émotionnel.

Il faut des efforts soutenus et répétés pour demeurer ainsi avec nos réactions et notre ressenti, mais si nous le faisons, une telle pratique finira par nous ramener à ce « vide originel », quel qu'il soit pour nous : un sentiment de séparation, d'abandon, de désespoir absolu, de peur et de terreur. Ce n'est qu'en découvrant et en pénétrant dans cette partie si redoutée de nous-mêmes que nous pourrons voir à travers l'artifice de notre vie de substitution et enfin retrouver la conscience de notre unité fondamentale.

Sommes-nous prêts à quitter le monde illusoire où la pratique méditative est considérée comme une union vague et romantique avec le silence ? Sommes-nous prêts à nous atteler au douloureux travail qui consiste à observer ce que nous faisons, la façon dont nous réagissons ou adoptons des modes de fonctionnement automatiques qui nous poussent à nous enfermer, à nous couper des autres et à nous en prendre à eux ? Une fois que nous avons clairement conscience de nos décisions profondes et de nos stratégies fondamentales, l'étape suivante – qui consiste à demeurer dans le vide dont ces stratégies étaient censées nous protéger – devient plus simple et moins dramatique. Nous pouvons voir à travers notre souffrance et la ressentir non comme un drame terrible mais simplement comme ce qui nous arrive : la manifestation de l'énergie de pensées auxquelles nous croyons profondément et de sensations corporelles fermement contenues. Dès lors, notre vie est plus facile à gérer car nous découvrons que ce que nous pensions être la vérité la plus profonde et la plus négative sur nous-mêmes n'était pas aussi solide que nous l'imaginions.

Nous en arrivons à voir, en le ressentant directement, que nous ne sommes pas brisés, que nous n'avons jamais été brisés et que nous n'avons aucun besoin d'être réparés. Telle est l'essence de la vie de pratique : continuer à voir à travers les frontières paralysantes que nous maintenons nous-mêmes à cause de notre croyance aveugle dans la réalité de notre vie de substitution.

8

Pratiquer avec la colère

La pratique consiste à apprendre à vivre à partir de notre nature véritable, c'est-à-dire avec un cœur ouvert. Nous devons apprendre à pratiquer en gardant à l'esprit cette vue d'ensemble[13] et en observant ce qui fait obstacle à notre unité fondamentale. Qu'est-ce qui nous sépare de notre cœur ouvert ? Qu'est-ce qui ferme les portes à la vie ?

Il nous arrive souvent de perdre la vue d'ensemble. Le but de la pratique n'est pas de se sentir mieux mais d'apprendre et de voir. Nous devons voir à l'intérieur de notre propre fonctionnement, voir la façon dont nous nous vidons de notre énergie à cause de nos réactions et de nos stratégies habituelles. Nous devons apprendre à arrêter ces fuites d'énergie pour ne pas nous retrouver sans cesse épuisés par le quotidien.

Quand la colère nous saisit, par exemple, nous nous coupons systématiquement de la vue d'ensemble

---

13. Voir glossaire : *big picture*.

et de notre sentiment d'unité fondamentale. Si nous pouvions voir clairement nos réactions émotionnelles de colère, nous réaliserions qu'elles nous épuisent et amoindrissent notre vie. Nous verrions qu'il s'agit d'une forme d'aversion de la vie qui nous sépare et nous enferme.

Pourtant, bien que la colère nous fasse autant de mal qu'à ceux auxquels elle s'adresse, nous nous accrochons à cette émotion étouffante avec une ténacité déconcertante. Alors même que nous infligeons de la peine aux autres, tout en nous vidant de notre énergie, alors même que notre vie devient étriquée, mesquine et centrée sur nous-mêmes, nous continuons à nous complaire dans des pensées et des comportements de colère avec un entêtement qui défie le bon sens.

Que nous dit vraiment la colère ? Quand la vie ne va pas comme nous le voudrions, nous réagissons. Si nous avons des espérances, nous nous attendons à ce qu'elles se concrétisent. Si nous avons des exigences, nous insistons pour qu'elles se réalisent. Si nous avons des souhaits très forts, nous ne serons pas satisfaits tant qu'ils n'auront pas été exaucés. Bien que la vie soit neutre, qu'elle ne fasse rien pour entrer dans le cadre de notre vision particulière des choses, nous continuons à croire qu'elle devrait aller dans le sens de nos attentes. Et quand ce n'est pas le cas, la colère surgit, sous une forme ou une autre.

Je ne parle pas seulement des grosses explosions. Même les jours où tout va à peu près bien, nous laissons subtilement notre énergie se dissiper dans la colère, du matin au soir. Notre colère peut prendre la forme de l'impatience si nous sommes arrêtés par un feu rouge. Elle peut prendre la forme de l'agacement si la télécommande de la télévision ne fonctionne pas. Elle peut prendre la forme de l'arrogance si je suis à l'heure et qu'un autre arrive en retard. Elle peut prendre la forme de la frustration si mon équipe perd. Elle peut prendre la forme de l'indignation s'il me semble que l'on me néglige ou si je ne me sens pas apprécié.

La plupart du temps, nous ne voyons même pas que la colère épuise notre énergie, que notre vie en devient étriquée, que nous perpétuons notre souffrance en insistant pour que la vie aille comme nous le voulons. En général, quand la colère se manifeste, nous suivons simplement l'une des deux voies que l'on nous a apprises pour y faire face.

Dans le premier cas, nous avons été conditionnés à penser qu'être en colère « ne se fait pas », par conséquent nous refoulons notre ressenti. Nous avons beau savoir que cette attitude n'est guère bénéfique à notre santé physique et émotionnelle, si notre conditionnement est fortement ancré, nous aurons tendance à étouffer notre colère, à la refouler. Il est intéressant de souligner que nous fonctionnons de la même manière dans la pratique spirituelle. En effet, il n'est pas rare que des méditants répriment maladroitement leur colère pour essayer de correspondre à une image idéale d'eux-mêmes, fruit de leur conditionnement. Pourtant, que nous contournions les difficultés et fassions diversion par la méditation, la nourriture ou la télévision, refouler notre colère au point de ne plus en avoir conscience ne nous en libère pas. Elle continue à nous marquer de son empreinte en s'infectant de l'intérieur, comme une blessure mal soignée. Que ce soit sous la forme d'une maladie, d'une dépression, d'une agressivité passive ou d'une explosion de rage, un jour ou l'autre elle ressortira.

Dans le second cas, plus courant, nous traitons la colère en l'exprimant : soit intérieurement, en ruminant notre mécontentement ou en nous complaisant dans notre indignation ; soit extérieurement, en blâmant les autres. Le problème est qu'en exprimant la colère, d'une manière ou d'une autre, nous *croyons* à notre réaction et à toutes les justifications qui l'accompagnent. Nous sommes déterminés à avoir raison et à gagner, même si c'est seulement dans notre tête.

Que nous réprimions notre colère ou que nous l'exprimions, dans les deux cas nous n'y voyons jamais clair et nous ne faisons pas vraiment l'expérience directe de son ressenti. Même quand nous sommes au beau milieu d'une colère librement exprimée, nous sommes rarement en contact avec son énergie. Nous nous délectons tellement en croyant à la véracité de nos pensées et en blâmant les autres que nous ne ressentons pas pleinement la colère. Mieux : l'une des fonctions de cette réaction semble de nous permettre d'éviter de faire face à ce qui se passe vraiment. Que cherchons-nous à éviter ? Peut-être des émotions plus douloureuses encore… une blessure, un chagrin. Peut-être les peurs profondément enracinées qui sous-tendent presque toujours notre colère. Il est tellement plus facile d'être en colère – surtout quand on peut s'en délecter – que blessé, peiné ou effrayé. Il n'est guère surprenant que nous passions tellement de temps à nous complaire dans la colère ! Pourtant, même quand nous sentons l'énergie et le plaisir d'être en colère, d'avoir raison, nous fermons la porte à la vie et enfermons notre cœur.

Comment pratiquer avec la colère ? Tout d'abord, nous devons prendre conscience que son apparition fait déjà partie de notre pratique spirituelle. L'émergence de la colère est un signal pour que nous dirigions la pointe acérée de notre attention vers l'intérieur. C'est pour nous une occasion de voir les différentes façons que nous avons de nous enfermer dans la coquille protectrice de la réaction où la colère a pris naissance. C'est un signal pour que nous prenions conscience de notre façon d'exiger que la vie réponde à nos attentes, à nos besoins, à nos désirs. Pour clarifier ces images, nous devons regarder en nous, sans nous justifier, sans nous blâmer. Et nous devons le faire avec une honnêteté et une précision sans faille.

Il existe une pratique spécifique pour travailler sur la colère : « Ne pas exprimer d'émotions négatives. » Cette instruction est pourtant souvent cause de réactions et d'incompréhension. Il est vrai qu'elle peut ressembler à un diktat moral, une autre façon de réprimer des sentiments que nous jugeons mauvais. Mais il est important de comprendre que ne pas exprimer d'émotions négatives n'est pas du tout la même chose que les refouler. Quand nous refoulons, nous ne sommes pas à l'écoute de notre ressenti. En fait, même quand nous exprimons, physiquement ou verbalement, des émotions négatives comme la colère, nous faisons rarement l'expérience de ce que nous ressentons. Par contre, quand nous pratiquons la non-expression de la colère, nous pouvons faire directement l'expérience de ce que nous *ressentons*. Avoir l'expérience directe de la colère, c'est ressentir et clarifier la réactivité émotionnelle.

Pratiquer la non-expression est, en partie, un moyen d'éviter de nuire au monde, l'un des principes de base de la vie spirituelle. Et même si l'expression de notre ressenti ne nuit à personne – par exemple si on frappe dans un oreiller –, elle empêche d'en faire directement l'expérience.

Pour en faire l'expérience, nous devons cesser de blâmer les autres et de nous justifier, car ce sont là deux stratégies de protection très puissantes qui nous empêchent de ressentir la souffrance dissimulée sous la colère. C'est là qu'intervient l'étiquetage des pensées. C'est une tâche ardue et qui exige de la précision, mais même en pleine colère, nous pouvons y parvenir.

Par exemple, nous pouvons nous dire : « Je crois à la pensée "Il manque de considération" », « Je crois à la pensée "Personne ne devrait avoir à supporter ça" », « Je crois à la pensée "Ce n'est pas juste" », « Je crois à la pensée "Ce n'est pas correct" ». Tant que nous ne pourrons pas étiqueter ainsi nos pensées et, de ce fait, briser notre totale identification aux pensées, il sera très difficile de pratiquer clairement avec la colère.

Le second bienfait de la non-expression de la colère est que nous apprenons à demeurer directement, *calmement*, dans la « nature » de l'émotion. Il ne s'agit pas d'un vague : « Je suis en contact avec la colère », ou « Je me sens en colère ». Le mot « colère » n'est qu'un mot, un concept. Ressentir vraiment la colère n'a rien de vague ; c'est au contraire très spécifique. Nous nous posons donc la question : « Qu'est-ce que c'est ? » La réponse n'est ni analytique, ni théorique, ni historique. C'est la nature physique de notre expérience. Nous pouvons demeurer dans l'émotion, la ressentir vraiment, une sensation après l'autre. Y a-t-il des tensions ? Où ? Qu'est-ce que je ressens ? Chaleur ? Pulsations ? Pression ? Notre attention vole d'une sensation à l'autre, absorbant de plus en plus d'informations, jusqu'à ce que la présence du témoin se fasse nettement ressentir et devienne opérationnelle. Avec l'attention du témoin, notre ressenti s'élargit – le réceptacle de la conscience est plus grand. Il y a plus d'espace et un calme s'élève, au cœur duquel l'émotion peut être ressentie.

Telle est l'essence de la pratique avec la colère. D'abord, nous en prenons conscience et nous nous rappelons qu'elle fait partie de notre chemin spirituel. Ensuite, nous veillons à ne pas tomber dans nos habituelles stratégies de refoulement ou d'autojustification et de condamnation de l'autre. Troisièmement, nous voyons clairement les pensées auxquelles nous croyons et nous les étiquetons. Quatrièmement, nous avons un ressenti physique direct de l'expérience de la colère. Quand nous nous autorisons à la ressentir, il arrive que la colère atteigne un pic, puis évolue ; nous ressentons alors un relâchement des tensions liées à la croyance que cette émotion est « moi ». Nous pouvons alors peut-être accéder à des couches plus profondes – blessure, chagrin, peur –, et à chaque étape il faudra reprendre le même processus de *ressenti* direct de l'expérience. Le fait que nous soyons prêts à accueillir ainsi une émotion nous permet de cesser de nous identifier à elle. Nous voyons que ce que nous sommes vraiment est bien plus vaste que le petit « moi » auquel nous voulons croire.

Il est indispensable de reconnaître que nous pouvons parfois aimer notre colère, même si elle nous empoisonne la vie. Nous avons souvent l'impression que le sentiment de puissance qui accompagne la colère est authentique et nous renforce dans nos convictions. En réalité, c'est ce que l'on appelle « l'ego » qui est à l'œuvre, perpétuant l'illusion de l'égocentrisme.

L'une des principales difficultés du travail avec la colère vient du fait qu'elle surgit souvent de manière soudaine ou au beau milieu d'une situation embrouillée et compliquée qui n'est guère propice à une attention concentrée sur l'émotion elle-même. Le mieux que nous puissions faire alors est peut-être de simplement nous observer tandis que notre stratégie habituelle de colère se met en place. Nous avons parfois suffisamment traversé la même vieille souffrance pour avoir au moins appris à nous taire, à nous retenir d'envenimer la situation. Cela peut déjà être un grand pas en avant.

Nous devons comprendre qu'il n'est pas mal de ressentir de la colère ; c'est simplement notre réaction conditionnée à la vie quand elle ne s'accorde pas avec notre vision des choses. Nous ne faisons qu'empirer une situation quand, à la colère, nous ajoutons autojugement et haine de soi, tous deux enracinés dans d'*autres* images *idéales* de ce que nous devrions être, de ce que la vie devrait être. Au lieu de cela, nous pouvons introduire dans notre pratique un sentiment de bienveillance – dont l'essence est le non-jugement –, ce qui allégera le poids et l'importance que nous accordons à notre petit drame personnel.

Pour pratiquer avec la colère, nous devons être prêts à travailler avec elle, à ne pas la considérer comme l'ennemi, comme le vieux fardeau de notre souffrance personnelle, mais simplement comme le « fatras » de notre vie conditionnée. Quand nous comprenons vraiment cela, nous réalisons aussi que ne pas déverser notre colère sur les autres nous permet d'y voir plus clair. Apprendre à nous taire quand nous pourrions lâcher notre colère n'est pas une mince affaire. Il ne s'agit pas de refouler mais de retenir, pour le moment, un comportement potentiellement dangereux.

Par la suite, si nous en avons le temps, nous pouvons nous remémorer ce qui s'est effectivement passé. Quand nous nous assiérons en méditation, nous pourrons *recréer* dans notre esprit *ce qui nous a contrariés*. De toute façon, c'est ce que nous faisons tous quand nous nous complaisons dans nos récriminations et que nous nous justifions ; mais là, je parle de le faire volontairement en tant que pratique méditative, avec attention. Quand nous recréons délibérément une contrariété, nous nous rappelons ce qui s'est effectivement passé : où nous étions, ce qui s'est dit, comment nous nous sentions. S'il est difficile de retrouver la même force émotionnelle, nous pouvons exagérer les circonstances, simplement pour nous relier au ressenti d'origine. Le but est de ressentir la colère (ou toute autre émotion) dans le contexte de la pratique. Même si nous ne pouvons pas recréer une réaction émotionnelle identique, nous pouvons déjà travailler dessus d'une manière qui n'aurait pas été possible dans la confusion et la vitesse à laquelle se sont déroulés les événements.

Joko m'a fait connaître un outil très pratique. Il s'agit de décomposer l'expérience émotionnelle que l'on revit en trois composantes : la situation objective, l'émotion elle-même et la stratégie comportementale qui a suivi la réaction émotionnelle. Cela permet d'éclairer l'ensemble du processus.

Par exemple, un ami ou un collègue vous critique et, avant même de vous en apercevoir, vous voilà engagé dans un échange de propos pleins de colère. Plus tard, quand vous recréez la situation et le ressenti qui l'accompagnait, vous commencez par vous demander : « Quelle était la situation objective ? Que s'est-il réellement passé ? » Souvent, tout ce qui s'est passé, c'est que des mots ont été prononcés ou, plus objectivement encore, des sons ont été en contact avec la membrane de vos tympans. Les mots en eux-mêmes n'avaient pas de charge émotionnelle ; c'est vous qui avez greffé une réaction émotionnelle sur des événements objectifs. Quand vous le voyez, vous pouvez passer à la seconde composante : la réaction émotionnelle. Quelle émotion particulière avez-vous ressentie ? Soyez aussi précis et honnête que possible en identifiant vos sentiments, car souvent nous ne savons même pas ce que nous ressentons exactement. Passez ensuite à la troisième composante : la stratégie comportementale. Quelle a été votre stratégie : vous exécuter, attaquer, vous retirer ? Bien que la stratégie soit différente de la réaction, elles sont souvent liées dans un même schéma prévisible.

Quand nous sommes piégés dans une stratégie comportementale, il y a peu de chances que nous réussissions à voir clair dans notre colère. C'est particulièrement vrai si notre stratégie inclut le blâme et l'autojustification, ainsi que le sentiment de puissance qui les accompagne quand nous croyons avoir raison. Si nous pouvons nous abstenir de blâmer, nous sommes en mesure de nous concentrer sur la réaction initiale qui nous intéresse. Nous commençons par nous demander : « Quelles sont les pensées auxquelles je crois ? » Parfois elles affleurent à la surface mais il peut arriver qu'elles ne nous soient pas accessibles. Dans tous les cas, l'étape suivante, cruciale, consiste à pénétrer dans le ressenti physique de l'émotion. Le fait de demeurer vraiment dans notre colère a le pouvoir de nous faire descendre jusqu'à nos peurs les plus profondes qui, souvent, entraînent nos réactions de surface. Pratiquer ainsi à chaque occasion va agrandir l'espace autour de nos réactions de colère. Comme nous les assimilons moins à notre « moi », nous avons moins de risques de nous faire piéger par elles.

Depuis plusieurs années, j'ai une pratique que je trouve très efficace pour le travail avec la colère : une fois par semaine, je consacre une journée entière à pratiquer ce que j'appelle « la non-manifestation d'émotions négatives ». Depuis l'instant où je me réveille jusqu'au moment où je m'endors, je fais l'effort conscient de ne pas exprimer d'émotions négatives, extérieurement ou intérieurement. Il ne s'agit pas d'un nouveau diktat pour inciter à avoir un comportement vertueux ; en fait, son efficacité n'a rien à voir avec la morale. Si cette pratique est tellement efficace, c'est parce qu'elle permet de voir la racine même de la colère. Comme je suis particulièrement attentif à ne pas exprimer de colère, il y a de grandes chances pour que mon attention intervienne dès l'instant où un sentiment négatif fait mine d'apparaître. Je vois donc ainsi le point charnière où, en temps normal, je pourrais choisir de croire mes pensées, alimentant ainsi l'expression de la colère. Je peux aussi choisir de ne pas m'attacher à la pensée, niant ainsi sa solidité, sa véracité. Je pratique la non-identification au « moi » – avec ses désirs et ses jugements – en pénétrant dans un sentiment plus vaste de l'instant. C'est là que je peux demeurer directement dans les manifestations physiques de la colère, dans la nature même de la colère. Parfois, à ce moment-là, la colère se dissout rapidement, laissant très peu de résidus.

Il m'est arrivé récemment d'être arrêté par un policier pour n'avoir pas marqué suffisamment longtemps un stop. Je me suis aussitôt senti prêt à bondir pour me défendre avec une vertueuse indignation. J'ai senti la chaleur m'envahir et le début d'une poussée d'adrénaline…, puis je me suis souvenu que c'était ma journée de non-manifestation d'émotions négatives. Immédiatement, j'ai vu à quel point je souhaitais défendre mes pensées, mon « moi ». J'ai aussi ressenti une peur sous-jacente, la peur de perdre le contrôle.

J'ai ressenti *dans mon corps* ce qui se passait au fond, et j'ai choisi de changer d'attitude. Quand le policier a commencé à me verbaliser, j'ai même pu être aimable avec lui.

Si nous voyons clairement comment la colère surgit du simple fait que la vie ne correspond pas à nos représentations, il n'est pas difficile de la lâcher. Ce qui est difficile à lâcher, c'est notre désir d'être en colère ! Mais cette pratique hebdomadaire permet de comprendre ce qu'il est possible de faire. Nous voyons que notre colère vient de nos représentations non réalisées *et* de notre désir de justifier notre réaction. Nous voyons aussi que, quand la colère surgit, nous ne sommes pas obligés de l'exprimer, ni même de la justifier, en défendant les pensées auxquelles nous croyons.

Il arrive que l'on s'imagine qu'il faut être en colère pour s'engager dans la vie. On peut penser que certaines situations exigent que l'on prenne position et que, sans colère, on n'agirait pas. Ainsi, quand nous sommes témoins d'une injustice flagrante, la colère n'est-elle pas le catalyseur des mesures que nous allons prendre pour remédier à la situation ? Si nous n'étions pas en colère, qu'est-ce qui nous motiverait à apporter des changements positifs ?

Du point de vue de la pratique spirituelle, la colère n'est jamais justifiée, même si nous sommes sûrs d'être dans notre bon droit. Cela ne veut pas dire qu'il ne faut pas agir quand la situation l'exige. Cela veut dire que nous pouvons parfaitement agir sans l'aspect négatif de la colère. Tant que nous alimentons cette négativité en croyant ce que disent nos pensées, nous nous empêchons d'agir avec une vision claire des choses. Tant que nous sommes poussés par la puissante énergie négative de la colère, nous fermons notre cœur à double tour. Dans la plupart des cas, nous sommes encore entre les griffes de la peur, qui nous fait considérer la vie – sous les traits d'une personne, d'un groupe ou d'une institution – comme l'ennemi. Cette attitude nous enracine fortement dans un sentiment étriqué du « moi ». Quand nous justifions ainsi notre colère, nous avons complètement perdu la vue d'ensemble, notre unité fondamentale.

Il m'est arrivé un jour, alors que je supervisais un vaste projet, d'être sévèrement critiqué pour mon travail. Même si, objectivement, il était évident pour moi que la critique n'était pas justifiée, une forte réaction émotionnelle s'est déclenchée. Et même si j'ai aussitôt pensé à la pratique, l'énergie négative de la colère a refusé de me lâcher. J'ai essayé la pratique d'acceptation – dire « oui » au rejet, accueillir la blessure et la peur –, mais mon esprit s'échappait dans le blâme et la justification, protégeant et défendant le « moi ».

Le lendemain, j'ai modifié ma pratique pour suivre cette formule : « Absolument aucun blâme ni aucune justification », et j'ai fait de cette nouvelle pratique ma référence suprême. J'ai vu que si je ne faisais pas un immense effort pour interrompre mes pensées, la colère continuerait à alimenter ces pensées auxquelles je croyais. Les pensées ne cessaient de resurgir pour justifier ma position et je ne cessais de les couper net en retournant à mes sensations physiques de chaleur et de nausée. Au fil des heures, j'ai réussi à demeurer dans l'expérience du ressenti physique pendant des périodes plus longues. Il est alors devenu possible d'accueillir dans ma conscience la blessure, le rejet et la peur, sans retomber dans le blâme. J'ai respiré ces sentiments directement dans l'espace du cœur, leur permettant ainsi de pénétrer ma coquille de protection.

À la fin de la journée, l'énergie négative de la colère avait disparu. Il restait à régler une situation où beaucoup d'argent était en jeu et où intervenaient de nombreuses considérations pratiques mais, libéré de la négativité de la colère, j'y voyais clair et je savais ce qu'il fallait faire. Si je n'avais pas consacré autant d'efforts à me libérer de ma réaction, il s'en serait suivi une rencontre à cœur fermé dont tout le monde serait sorti perdant ; tandis que là, les problèmes ont vite été résolus, avec beaucoup d'honnêteté de part et d'autre, et un sentiment général de rapprochement qui semblait inclure la vue d'ensemble.

Quand nous entrons profondément dans la pratique avec la colère, nous parvenons à développer un sentiment d'ouverture, même dans les situations difficiles. Tandis que la conscience s'élargit autour du sentiment d'un « moi » étriqué, peut-être avons-nous un aperçu de ce que signifie transformer notre colère en redirigeant son énergie, sans son aspect négatif, en une force de détermination – une détermination qui s'ouvre à la vie et à l'action avec une grande clarté de perception. Dès lors, notre volonté personnelle, notre désir que la vie réponde à nos vœux, se transforme en une énergie orientée vers un but, et nous avons une compréhension plus claire du sens de la vie. Dans cet élan, nous pouvons même commencer à servir la vie au lieu de toujours vouloir qu'elle nous serve. Mais tant que nous serons prisonniers de la négativité émotionnelle de la colère, nous n'aurons pas accès à la gentillesse et à la compassion qui sont notre nature profonde, notre cœur naturellement ouvert.

Donc, soyez attentif à votre colère chaque fois qu'elle se manifeste. Considérez-la comme la voie qui vous mènera à l'Éveil. Voyez qu'elle naît de vos représentations non réalisées. Sachez si vous avez tendance à la réprimer ou à l'exprimer. Si vous l'exprimez, sentez les nuances : l'exprimez-vous en bouillonnant intérieurement ou l'exposez-vous de manière subtile ? Voyez si vous pouvez identifier les pensées auxquelles vous croyez. Ensuite, revenez au ressenti physique de la colère et restez-y. Acceptez d'entrer en contact avec vos peurs les plus profondes. Souvenez-vous que vous ne pouvez pratiquer ainsi que si vous choisissez d'arrêter de blâmer l'autre. Souhaitez-vous que la colère continue à fermer votre cœur ? Ressentez la peine qui accompagne cette attitude et laissez ce sentiment pénétrer votre cœur.

9

Pratiquer avec la peur

Une grande partie de la pratique spirituelle consiste à travailler sur la peur. La peur nous dit de nous replier sur nous-mêmes, de ne pas aller au-delà de la membrane extérieure protectrice de notre cocon. Mais en cédant à la peur, nous lui donnons plus de réalité. Nous renforçons notre cocon, ce qui ne fait que contracter et limiter notre existence. La peur nous fait éviter un désastre imaginaire, mais la vie de substitution que nous menons, en cédant à la peur, est déjà un désastre.

Un de mes bons amis, Eliot Fintushel, a écrit un roman intitulé *Please don't hurt me*[14], qui met en scène des extraterrestres. Quand les personnages se rencontrent, au lieu de se dire « Bonjour », ils disent : « Ne me faites pas de mal, s'il vous plaît. » N'est-ce pas là une description très juste du courant de peur qui domine obscurément notre vie ?

---

14. « Ne me faites pas de mal, s'il vous plaît ». Livre non traduit en français à ce jour.

Quand on songe à toutes nos peurs, il est surprenant que nous ne soyons pas devenus experts en la matière. Mais la peur est l'un des domaines les plus délicats de la vie et de la pratique spirituelle. La liste des choses qui nous effraient est très longue. Nos peurs les plus fondamentales incluent la peur de la maladie et de la douleur, la peur de perdre le contrôle et d'être sans défense, la peur de l'inconnu. Nous pouvons également craindre de perdre ceux que nous aimons, notre statut social ou la sécurité matérielle. De plus, nous avons peur d'être critiqués et peur du ridicule. Nous avons peur de la mort et, peut-être plus encore, de l'instant de la mort. Mais la plus grande des peurs est certainement celle de la peur elle-même.

Il y a beaucoup d'autres peurs qui nous affligent individuellement, selon la façon dont notre personnalité s'est développée. Par exemple, la peur des relations intimes, du sexe, de la confrontation, de la trahison, de la solitude, de la responsabilité, et ainsi de suite. La première étape du travail sur la peur consiste à devenir progressivement conscients du degré de peur qui se glisse dans presque tout ce que nous faisons : dans la plupart de nos gestes de prétendue « gentillesse », dans l'ambition, dans la dépression et, bien sûr, dans la colère. On pourrait même définir la colère comme de la peur non reconnue.

Parmi nos stratégies de personnalité, beaucoup sont motivées, d'une manière ou d'une autre, par la peur. Pourtant, nous avons rarement conscience qu'elle intervient dans ce que nous faisons. Elle est souvent masquée par la colère ou le mépris. Parfois, nous l'anesthésions dans l'activité ou les distractions. C'est certainement ce que j'ai fait moi-même quand j'étais au lycée et à l'université. À l'époque, si on m'avait posé une question sur la peur, j'aurais répondu : « Je n'ai pas de peurs. La peur n'est pas mon problème. » J'aimais faire la fête, danser et boire. Tout ce que je souhaitais, c'était avoir du bon temps, et comme j'étais un garçon assez populaire auprès de mes copains, j'avais le sentiment de contrôler la situation. Pendant les années qui ont suivi, j'ai souvent repensé à cette période comme à la meilleure de ma vie.

Mais il y a quelques années, j'ai eu une révélation sur ma relation à la peur. J'écoutais un bon vieil air du début des années 1960 avec un sentiment doux-amer de nostalgie quand, au milieu de la nostalgie, j'ai ressenti au creux de l'estomac une agitation que j'ai identifiée comme de l'angoisse. Je me suis dit : « Pourquoi aurais-je de l'angoisse en évoquant mon 'âge d'or', une époque où tout me paraissait fantastique ? » J'ai compris ensuite qu'en écoutant cette chanson, je me rappelais, au niveau cellulaire, une chose qui m'avait habité constamment : l'angoisse. Cette angoisse m'avait probablement poussé à me jeter à corps perdu dans les fêtes et les distractions, mais à l'époque je n'en étais pas vraiment conscient.

Ce n'est qu'après mes vingt ans que j'ai commencé à prendre conscience de mes peurs. C'est aussi à cette époque que j'ai commencé à pratiquer. Très vite, je suis passé à la seconde étape de la pratique avec la peur : j'ai essayé de m'en débarrasser. En voyant mes peurs, en voyant à quel point elles étouffaient ma vie, j'ai choisi le chemin consacré par l'usage : j'ai essayé de les éliminer en les affrontant et en les combattant pour les vaincre et m'en libérer. Quelle noble et glorieuse tâche ! Malheureusement, comme cette approche est souvent le résultat de la fâcheuse habitude que nous avons de penser à l'envers, affronter nos peurs dans l'espoir de nous en débarrasser est une pratique généralement très limitée et mal orientée.

Comme je l'ignorais alors, j'ai commencé à faire tout ce qui me semblait utile pour vaincre mes peurs. Par exemple, j'allais mendier dans la rue ou bien j'entrais dans les magasins et demandais de la nourriture. Demander de l'argent ou de la nourriture était difficile pour moi parce que je me considérais comme un jeune homme bien élevé, gentil et responsable, très indépendant, qui n'aurait jamais rien demandé à personne. Me comporter d'une manière qui remettait en question l'image que j'avais de moi-même éveillait beaucoup de peur et de gêne. À l'âge de vingt-cinq ans, j'ai fait partie d'un groupe Gurdjieff à San Francisco et on m'a demandé de faire quelque chose que je n'aurais jamais fait de moi-même : composer une chanson et aller la chanter sur le port de Fishermans' Wharf. En été, c'est un lieu fréquenté par des centaines de touristes qui flânent ou attendent de faire un tour sur le funiculaire. Ma mission consistait à chanter pour eux. Autrement dit, j'allais délibérément me rendre ridicule.

J'étais censé chanter, face à tous ces gens, une chanson de ma composition – « à la Bob Dylan » – avant de tendre mon chapeau pour mendier quelques pièces. Je me suis déguisé en hippie et j'ai mis un chapeau melon noir. Non seulement je n'étais pas un hippie mais je n'aimais pas les hippies, et je n'avais aucune envie d'être pris pour l'un d'eux !

Je me souviens encore de ce que j'ai ressenti là, debout, pétrifié, tremblant, craignant de m'évanouir ou de vomir. Mais j'ai chanté ma chanson parce que j'avais de la force de caractère et parce que je voulais vraiment me débarrasser de ma peur. J'ai donc chanté ma chanson et fait la quête. J'ai recommencé quelque temps plus tard et chaque fois cela devenait plus facile, jusqu'au moment où je me suis aperçu que je commençais à y prendre goût – c'était devenu amusant ! Ce que je ne voyais pas, c'est que j'étais en train de remplacer un « moi » conditionné par un autre « moi » qui était maintenant tout à fait à l'aise dans la situation. Je ne voyais pas non plus qu'avec cette pratique je ne travaillais pas vraiment sur les racines de la peur, mais sur le contenu de la peur. Quand on travaille sur la peur en essayant de s'en débarrasser, le contenu de la peur peut varier à l'infini.

Mais à ce moment-là je ne le comprenais pas. Alors, pendant les années qui ont suivi, j'ai pratiqué avec la peur en essayant de m'en débarrasser. J'ai décidé que j'avais besoin d'un métier qui m'obligerait à aller chaque jour à l'encontre des schémas de peur que je voulais éradiquer. Après avoir été enseignant puis programmeur en informatique, j'ai trouvé un travail de charpentier, ce qui représentait un grand saut dans l'inconnu. Au début, je pesais moins de 60 kg et je n'avais aucune capacité physique. Chaque jour, je devais faire face à une situation qui m'obligeait à repousser mes limites naturelles. Pendant deux ou trois ans, j'ai dû affronter quotidiennement des circonstances nouvelles et périlleuses ; ensuite, c'est devenu progressivement plus facile.

Même si cette pratique présentait un certain intérêt, elle ne me donnait pas l'occasion d'affronter les racines de la peur. À nouveau, je travaillais sur son contenu, une peur après l'autre, et non sur sa nature même. Je devenais effectivement plus fort mais j'avais remplacé un « moi » (conditionné et effrayé) par un autre « moi » (conditionné et libéré de la peur, mais seulement dans certaines situations). Cette approche est limitée parce qu'elle ne nous aide pas à dissiper les fausses images que nous avons de nous-mêmes.

Je suis passé à la troisième étape du travail sur la peur vers l'âge de trente ans, quand je suis devenu officiellement étudiant du Zen. La plupart du temps, je mettais de côté mon approche agressive de la peur et m'y attaquais plutôt de manière indirecte. J'appris comment me concentrer sur la respiration et comment développer de la force dans le *hara* – cette zone située sous le nombril. Je pense que, comme beaucoup d'étudiants de la méditation qui idéalisent la pratique, j'avais vaguement l'idée que, si je pratiquais assez longtemps et résolument, je me libérerais de la peur. « Après tout, puisque la peur n'est qu'une illusion, pourquoi m'en préoccuper ? Si je me concentre simplement sur la respiration, sur le mantra, ou sur les dix mille prosternations, la peur disparaîtra d'elle-même. » Pourtant ces pratiques, malgré leur attrait et leur évidente efficacité dans certains domaines, ne sont pas d'une grande aide pour affronter la nature même de la peur.

J'ai vécu un autre aspect de cette troisième étape du travail sur la peur quelques années plus tard, lors d'une session d'un mois de pratique intensive au cours de laquelle une situation souleva beaucoup de peur en moi. La pratique que j'ai suivie alors consistait à respirer l'énergie de ma peur directement dans le *hara*. J'essayais de transformer ma peur, de changer son énergie en force. Effectivement, mon *hara* est devenu très fort d'une certaine manière mais, même si cette pratique m'avait aidé à traverser un mois difficile, elle ne ne m'avais toujours pas permis de travailler vraiment sur la peur ; j'essayais encore de m'en débarrasser. Comme les autres pratiques, celle-ci était limitée parce qu'elle ne m'aidait pas à voir au-delà de la façon dont je m'identifiais à la peur.

Quelques mois plus tard, je suis tombé gravement malade, et pendant huit mois j'ai dû faire face à un tout nouveau domaine de la peur. Tandis que la maladie progressait, avec la possibilité qu'il n'y ait aucun moyen de me soigner, mes peurs ont commencé à se multiplier. Tout d'abord, il y avait la peur de l'inconfort, à laquelle je m'accrochais, projetant dans l'avenir la peur d'une douleur de plus en plus grande et incontrôlable. Ensuite, il y avait la peur de devoir dépendre des autres et la peur d'être isolé et seul. Sous les épaisseurs de dépression et d'apitoiement sur moi-même se cachait la peur d'être impuissant face à la perte de contrôle. En outre, j'avais peur de perdre la vie que j'avais toujours connue. Le jeune homme sain et actif que j'avais été jusque-là se transformait en quelqu'un qui risquait de ne plus avoir la capacité à être physiquement actif. Quant à ma pratique d'apporter la conscience de la respiration dans le *hara*, elle ne m'était d'aucun secours parce que je n'avais pas l'énergie ou la force de concentrer mon attention. À ce moment-là, je passais le plus clair de mon temps à me complaire dans la peur et je ne voyais guère comment pratiquer avec elle.

Désespéré, j'ai décidé d'appeler Joko Beck, que j'avais rencontrée quelques mois plus tôt. Après avoir écouté mon histoire, elle m'a dit à peu près ceci : « Ezra, je sais que cette maladie n'est pas agréable et que tu n'aimes pas cela, mais il faut que tu comprennes que c'est ta voie. » Cette simple remarque a suffi à tout remettre en place. Pour la première fois de ma vie peut-être, j'ai eu envie de m'ouvrir à la peur, de la laisser être, simplement, sans la repousser. Cela a été le début de la quatrième étape de la pratique avec la peur: arrêter de la voir comme l'ennemi ou l'obstacle, et l'accueillir de bon cœur.

J'ai commencé à guérir mais le processus n'était pas encore clair pour moi. Je suis donc revenu à mon ancienne façon de méditer: en me concentrant sur la respiration pour essayer de trouver un état de calme. Mais ce calme ne devait jamais arriver: tandis que je retrouvais une condition physique assez stable, d'intenses sentiments de peur ont commencé à apparaître. J'ai débuté alors un travail régulier avec Joko et j'ai appris ce qui allait donner une orientation très différente à ma pratique, ainsi qu'à mon travail sur la peur. Joko m'a proposé de regarder la peur avec le regard curieux du scientifique qui cherche seulement à connaître la nature de ce qu'il observe. Chaque fois que la peur surgissait, la pratique consistait à simplement demander: « Mais qu'est-ce que c'est ? », la réponse étant toujours dans le ressenti physique de l'instant.

Comme l'agitation émotionnelle de la peur est douloureuse, nous avons une réaction d'aversion face à elle. Qui voudrait demeurer au contact de la douleur et du mal-être ? Nous essayons d'y échapper, de les vaincre ou de les écraser. Ce faisant, nous y ajoutons souvent un aspect négatif: la colère contre nous-mêmes et la honte de ressentir de la peur. Mais pourquoi ne pas voir la peur comme un autre aspect de notre esprit conditionné ? Nous ne sommes pas mauvais parce que nous ressentons de la peur. La peur est simplement ce qui se produit du fait de notre conditionnement. Et puisque c'est ce qui se produit, nous pouvons décider de bien la regarder en demandant : « Mais qu'est-ce que c'est ? » La peur, comme toutes les émotions, a deux composantes principales : les pensées et les sensations physiques. Le simple fait d'accepter de rester à son contact, de s'y ouvrir avec curiosité, est un grand pas en avant par rapport au fait de la repousser ou d'essayer de la vaincre. Développer notre capacité à accueillir la peur nous permet de progresser sur la voie de l'acceptation de notre vie telle qu'elle est.

Quand on demande : « Qu'est-ce que c'est ? », on commence à entendre les pensées de peur hurler dans notre esprit : « Je ne peux pas », « Que va-t-il m'arriver ? », « Ce n'est pas comme ça que ça devrait être », Nous entendons aussi les voix du défaitisme : « Je n'y arriverai jamais », « Je suis un cas désespéré », et ainsi de suite. La pratique consiste à voir que ces pensées ne sont que des pensées, même si elles ont l'air d'être solides. Ensuite, nous entrons dans le ressenti physique de la peur, avec toutes ses sensations désagréables : palpitations dans l'estomac et la poitrine, perceptions rétrécies, tension dans les épaules, rigidité dans la bouche, nausées, faiblesse.

En nous autorisant à avoir peur, nous découvrons que cet horrible sentiment d'épouvante est simplement une combinaison de quelques sensations physiques fortes et de quelques croyances sur nous-mêmes auxquelles nous sommes très attachés. Le problème ne vient pas tant de ces sensations et de ces pensées que de notre refus de les ressentir. Notre désir d'éviter la peur, notre attachement négatif à la peur : voilà ce qui nous fait nous sentir aussi mal. Voilà le nœud de la peur. Nous sommes tellement attachés à éviter de ressentir la peur que nous fermons notre cœur.

Quand nous acceptons de nous ouvrir à la peur, que nous la considérons comme une « chose » et non comme « moi », elle perd de son suc. Nous voyons que, même si nous ressentons de la terreur, il n'y a pas de réel danger physique. Au lieu de lutter contre la peur par la panique ou le refoulement, nous l'accueillons. Nous abandonnons notre peur de la peur. Le courage n'est pas l'absence de peur ; le courage naît et grandit quand nous nous ouvrons au ressenti de la peur. C'est alors que le nœud de la peur commence à se dénouer et que nous nous relions à notre cœur.

Faire l'expérience de rester au contact de la peur n'apporte jamais un progrès très net. Pour moi, pendant d'intenses périodes de peur, j'ai mené une lutte de tous les instants. Un moment, j'aurais voulu partir en courant, repousser la peur, et l'instant d'après, j'aurais voulu l'écraser. Il y avait aussi des moments d'abandon où je pouvais lui dire « oui » et presque la prendre dans mes bras. Finalement, j'ai commencé à voir que la peur n'est pas solide, qu'elle n'est rien de plus que des sensations fortes et des pensées déstabilisantes fondées sur notre conditionnement.

Quand nous acceptons de nous ouvrir à la peur – quatrième étape de cette pratique –, nous découvrons que nous pouvons ressentir de la peur sans « être » la peur. Quand la peur se manifeste, au lieu de nous dire : « Oh, non ! », nous apprenons à dire : « Tiens, la revoilà ! Comment va-t-elle se présenter cette fois-ci ? » Et que se passe-t-il ? La solidité et la force de notre peur se dissipent peu à peu. Quand nous pouvons, volontairement, rester au contact de notre ressenti de la peur sans la réprimer, sans l'exprimer, sans nous y complaire ni la juger, notre conscience s'élargit. À l'intérieur de ce « conteneur » paisible, les pensées et les sensations de la peur peuvent se déplacer en nous. C'est ainsi que la pratique de la présence consciente arrive à libérer et transformer la masse glacée d'émotions-pensées que nous appelons « peur ». Tandis que nous nous familiarisons avec notre peur, la compassion apparaît naturellement, allégeant toute cette lutte. C'est là que l'élément cœur intervient dans notre pratique.

Quand la peur est ressentie dans l'instant présent, sans que soient surimposés jugements et croyances, nous découvrons qu'elle est rarement insupportable. En fait, quand nous restons vraiment présents à l'expérience physique de la peur, il arrive que nous éprouvions une paix profonde qui se répand dans tout notre être, une ouverture de l'espace qui nous entoure et un amour qui fleurit tandis que la peur se transforme d'elle-même. Quand la peur perd de sa solidité, elle laisse tout naturellement s'infiltrer l'essence même de la vie.

Bien entendu, le prix à payer pour cette ouverture est le risque de se sentir exposé quand on perçoit un danger. Bien que nous ne soyons pas toujours prêts à payer ce prix, nous acceptons plus volontiers, à ce quatrième niveau de la pratique, de rester en contact avec la peur. Nous pouvons pratiquer avec tous les degrés de la peur : depuis les grosses peurs qui surgissent, par exemple, à la suite d'un verdict médical grave, en passant par les peurs moyennes, comme lorsque l'on doit faire face à une dépense inattendue, jusqu'aux petites peurs, presque imperceptibles, comme à l'occasion d'une communication téléphonique déplaisante. Nous remarquons de plus en plus quand nous recherchons le réconfort ou la fuite, et nous apprenons progressivement à considérer chaque situation de peur comme une nouvelle occasion de pratiquer.

Nous arrivons ainsi à la cinquième étape de la pratique avec la peur : le moment où nous la voyons comme un signal pour comprendre où nous sommes bloqués, où nous reculons et où nous pouvons nous ouvrir à la vie. Par exemple, voyons-nous le rôle que joue la peur dans nos réussites – à quel point nous essayons ainsi d'éviter la peur de nous sentir indignes ? Ou encore, si nous examinons de près nos relations aux autres, voyons-nous que souvent nous essayons d'éviter la peur d'être rejetés, de ne pas être appréciés ou aimés ? Sommes-nous capables d'utiliser ces situations pour aller délibérément vers nos peurs – ce qui nous obligera à nous ouvrir à l'inconnu ? Pour faire véritablement l'expérience de ce qu'est la peur, nous ne pouvons pas, en même temps, souhaiter qu'elle disparaisse. Nous ne devrions même pas l'appeler « peur », car le mot n'est qu'un filtre conceptuel entre notre ressenti et nous.

À la cinquième étape de la pratique avec la peur, nous pouvons choisir d'affronter nos peurs ; nous pouvons même les rechercher. Par contre, nous n'espérons plus les vaincre ou nous en libérer, au sens conventionnel du terme. Nous aspirons plutôt à connaître simplement la vérité de la peur, à savoir ce qui se cache au-delà de notre cocon protecteur. Il m'arrive souvent de consacrer une journée à la pratique qui consiste à dire « oui » à la peur. Cela signifie qu'à la moindre touche d'angoisse, je vais vers la peur, non avec la lourdeur de « ma souffrance », mais avec une certaine légèreté de cœur, qui vient du fait que je vois désormais la peur comme un simple conditionnement humain auquel nous sommes tous sujets. Sans cette légèreté de cœur, comment pourrions-nous jamais quitter notre cocon protecteur ?

La transformation de la peur ne signifie pas que nous n'avons plus de réactions de frayeur. Cela signifie que nous ne croyons plus que ces réactions sont ce que nous sommes. Tel est le sens de la pratique : apprendre à cesser de croire que notre réactivité profondément enracinée est ce que nous sommes. Ce que nous sommes réellement est beaucoup plus vaste que n'importe laquelle de nos réactions conditionnées fondées sur la peur. Quand nous pouvons avoir une véritable expérience de la peur, nous voyons au-delà de cette fausse identification, peut-être même jusqu'à entrevoir un sentiment plus vaste d'Être.

Ma voie de pratique avec la peur continue. Je ne suis pas libéré de la peur, ni même de la croyance que je devrais en être libéré. Cependant, la plupart du temps, je ne perçois plus la vie à partir du tunnel de peur dans lequel je me perdais. Pendant longtemps, ce tunnel m'a paru tellement réel que je n'imaginais pas qu'il me serait possible d'en sortir. Quand je songe au temps que j'ai passé à travailler sur la peur, je pense que je n'apprends pas vite. Mais je me suis tout de même montré persévérant. Quand je regarde en arrière, je vois maintenant qu'il n'y a pas eu d'erreurs de parcours : les compréhensions floues et les efforts mal dirigés font nécessairement partie de la vie de pratique.

Aujourd'hui, quand la peur surgit en moi, en même temps que le désir de l'esprit de m'en libérer, il y a aussi une compréhension claire et immédiate de ce qui est en train de se produire. Est-ce que j'essaie de la laisser passer ? Rarement. Ce serait une autre manière de chercher à m'en débarrasser, d'éviter ma vie. Je choisis plutôt de respirer dans l'espace du cœur, j'accueille la peur, prêt à ressentir sa texture, sa nature réelle. Mais en même temps, je sais que ce n'est pas moi. Même si mon cœur bat très fort et que je me sens nauséeux, je sais que ce ne sont que des réponses conditionnées à un danger perçu. En même temps, je ressens une légèreté, un espace ouvert où le conditionnement de la peur peut être ressenti. Grâce à l'attention, la solidité de la peur s'effrite. Que reste-t-il alors ? Simplement la vie elle-même et un sentiment toujours plus vaste d'Être.

10

Pratiquer avec la douleur

Jean-Dominique Bauby, ancien directeur en chef du magazine *Elle*, a écrit un livre intitulé *Le Scaphandre et le Papillon*. Cet homme menait une vie très active et créative jusqu'au jour où, en 1995, à l'âge de quarante-trois ans, il a eu une attaque très sévère qui a débouché sur une maladie grave appelée « syndrome d'enfermement ». Tout son corps était complètement paralysé, mais son esprit fonctionnait parfaitement. Après être resté alité pendant des mois, il a découvert qu'il pouvait encore faire bouger sa paupière gauche. Ce qui lui a permis d'imaginer une forme de communication : le nombre de mouvements de sa paupière correspondait aux différentes lettres de l'alphabet. Il a ainsi dicté chaque mot de chaque phrase de son livre, où il fait la chronique poignante de ses pensées et de ses sentiments alors qu'il est prisonnier de son corps. Il est mort deux jours après la parution du livre. Dans un chapitre qui ne fait qu'une seule page et qui s'intitule « Mon jour de chance », il décrit comment un jour le réveil relié à ses sondes d'alimentation a dysfonctionné et a sonné sans arrêt pendant une demi-heure. Le bip-bip affreusement perçant lui donnait l'impression qu'un marteau-piqueur s'attaquait à son cerveau. Il a commencé à transpirer abondamment et la transpiration a décollé le sparadrap qui protégeait son œil droit. Ses cils ainsi libérés ont commencé à irriter sa pupille. Ensuite son cathéter urinaire est tombé et il s'est retrouvé baignant dans son urine. Il était là, couché dans un lit trempé, un son perçant dans les oreilles et l'œil irrité, quand une infirmière est entrée et, sans faire attention à lui, a allumé la télévision. Sur l'écran, il a vu apparaître en grosses lettres une publicité qui demandait : « Êtes-vous né chanceux ? »

L'auteur raconte tout cela sans jamais s'apitoyer sur lui-même. C'est essentiellement une description de ses pensées et de ses sensations. Pour apprécier vraiment ce récit, tout ce que nous avons à faire, c'est nous imaginer dans la même situation : quelles seraient nos réactions ?

En général, nous n'avons pas très envie d'avoir affaire à la douleur. La plupart des êtres vivants partagent cette aversion. Il semble que ce soit un élément naturel et même intelligent dans le processus de l'évolution. Pourtant, les êtres humains semblent être les seules créatures à pouvoir transformer leur douleur en ce que l'on appelle communément « souffrance ». Imaginez que votre conjoint vous quitte. Il y a en vous un vide très douloureux, lourd de peur et de nostalgie. Les croyances ne cessent d'affluer : « Personne ne sera jamais là pour moi », « Pourquoi la vie est-elle si dure ? », « À quoi tout cela sert-il de toute façon ? » Bien entendu, votre impulsion naturelle est de refuser de rester en contact avec ce vide douloureux fait de rejet et de solitude. Il y a évidemment souffrance. Comment la douleur est-elle devenue souffrance ? Que se passe-t-il réellement dans l'instant ?

Ou bien imaginez que vous vous réveillez en ayant mal partout. Les jours deviennent des semaines et les semaines deviennent des mois, tandis que la douleur et le mal-être sont de plus en plus débilitants. L'esprit hurle, aspirant au répit : « Pourquoi cela m'arrive-t-il ? », « C'est trop dur ! », « Que va-t-il m'arriver ? » Il y a, naturellement, une grande résistance à la douleur physique et au mal-être, et il y a de la souffrance. Mais comment la douleur est-elle devenue souffrance ? Que se passe-t-il réellement dans l'instant ?

Le processus commence avec notre tendance naturelle à éviter la douleur. Il s'agit là d'une réalité : nous n'aimons pas la douleur. Nous souffrons parce que nous conjuguons notre aversion instinctive pour la peur avec la croyance profonde que la vie *ne devrait pas* être douloureuse. Cette croyance nous fait résister à la douleur et nous renforçons ainsi précisément ce que nous essayons d'éviter. Quand nous faisons de la douleur un ennemi, nous la solidifions. Et cette résistance est le point de départ de notre souffrance.

Comme nous l'avons dit, quand nous ressentons de la douleur, nous résistons presque toujours immédiatement. À l'inconfort physique, nous ajoutons très vite une épaisseur de jugements négatifs : « Pourquoi cela m'arrive-t-il ? », « Je ne peux pas le supporter », etc. Que nous exprimions ces jugements à voix haute ou non, nous y croyons vraiment, ce qui renforce leur force dévastatrice. Au lieu de les voir comme un filtre greffé sur la situation réelle, nous les acceptons sans les remettre en question, comme une vérité. Cette croyance aveugle en ce que disent nos pensées solidifie encore davantage notre ressenti physique de la douleur et lui donne la lourdeur dense de la souffrance. Alors, même si nous acceptons intellectuellement la première Noble Vérité du Bouddha – que la vie est source de souffrance –, quand la souffrance nous arrive *à nous*, nous souhaitons rarement avoir affaire à elle.

Comment poursuivre notre vie de pratique quand nous sommes dans la douleur ? Appliquer des phrases comme : « Ne faire qu'un avec la douleur », ou « Il n'y a pas de soi ! » (et donc personne qui souffre), n'est ni réconfortant ni utile. Nous devons d'abord comprendre que notre douleur et notre souffrance sont vraiment notre voie, notre maître. Même si cela ne suffit pas à nous faire aimer notre douleur ou notre souffrance, cela évite tout de même que nous les considérions comme des ennemis à vaincre. Avec cette compréhension – qui marque un tournant majeur dans notre vision de la vie –, nous pouvons commencer à travailler sur les couches de douleur et de souffrance qui représentent une part si importante de notre existence.

Au début de l'année 1991, j'ai fait une rechute aiguë et prolongée d'une maladie du système immunitaire où les muscles s'attaquent eux-mêmes. Les principaux symptômes physiques étaient une grande faiblesse musculaire, des sensations douloureuses de grippe – comme si mes cellules étaient polluées – et, pire que tout, une nausée qui ne me laissait aucun répit. Heureusement, elle n'allait pas jusqu'aux vomissements, mais elle était très désagréable. Deux semaines plus tard, des symptômes psychologiques classiques se sont greffés sur ces symptômes physiques : colère, apitoiement sur moi-même et dépression. Je me sentais profondément impuissant. Je ressentais également du désespoir à l'idée d'être coupé de la vie pour toujours. Je ne voulais pas me plaindre, mais je me sentais isolé parce que je ne savais pas comment communiquer ce que je ressentais. Je me sentais coupable aussi de ne pas pouvoir remplir mes obligations. Je me sentais même honteux, car je croyais à tort que cette maladie pouvait résulter de mes propres faiblesses. Et même si consciemment je ne croyais pas que j'allais mourir, la peur de la mort donnait de la force à tous ces sentiments. Plus profondément encore, je sentais la peur de la douleur de la mort, la peur de perdre tout contrôle, et même la peur de mourir dans la peur.

D'un côté, je devais composer avec des symptômes physiques objectivement bien réels ; d'un autre côté, j'étais assailli par d'incessantes pensées sombres générées par l'émotion. Non seulement ces pensées, auxquelles je croyais vraiment, exacerbaient les symptômes physiques mais elles étaient douloureuses. À cette même période, mon ami le plus proche, que je connaissais depuis vingt-cinq ans, est mort d'une crise cardiaque, sans le moindre avertissement. Malgré mes années de méditation, je n'étais pas prêt à faire face à tous ces drames. Je sentais qu'il me manquait un ancrage spirituel. C'est alors que j'ai appelé Joko pour la première fois et que j'ai reçu d'elle un conseil sans équivoque, mais plein de compassion : je devais voir la maladie et la souffrance comme ma voie. Joko m'a dit également que je trouverais peut-être une aide dans la lecture du livre de Stephen Levine, *Healing into Life and Death*[15].

Ma compréhension de la notion selon laquelle nous devons considérer nos difficultés comme notre voie a changé après cette conversation téléphonique. Jusque-là, j'avais cru que je ne pouvais pas pratiquer *justement* parce que ma vie était trop dure. Accepter ces difficultés en tant que pratique spirituelle signifiait que je devais cesser d'y résister et les accepter délibérément. Je ne sais pourquoi j'ai eu la chance de pouvoir entendre les paroles de Joko et de les prendre

15. « Guérir dans la vie et la mort », à ce jour non traduit en français.

à cœur, dans leur sens le plus littéral. Des années plus tard, en réfléchissant à ces événements, j'ai pensé à cette phrase de Thomas Merton : « On apprend le véritable amour et la véritable prière à l'instant où la prière est devenue impossible et où le cœur s'est transformé en pierre. »

Après ma conversation avec Joko, j'ai commencé à lire le livre – très fort et très complet – de Stephen Levine sur la pratique spirituelle en période de maladie. J'ai d'abord fait cinq méditations différentes par jour et j'ai continué ainsi pendant presque deux ans. Avec le temps, j'ai appris à faire la différence entre la douleur physique, la résistance à la douleur et les couches de pensées fondées sur les émotions. J'ai commencé à percevoir les symptômes physiques de mal-être comme s'ils étaient au centre d'un cercle, entourés d'une couche concentrique de résistance, elle-même entourée d'une couche concentrique d'émotions et de pensées.

Comme les accès de nausée ne cessaient pas, ce symptôme offrait un vaste laboratoire à ma pratique. En amenant la présence consciente à la nausée, encore et encore, j'ai vu clairement plusieurs pensées particulièrement fortes qui constituaient la ligne extérieure de ce cercle : « Je ne peux pas supporter ça », « Que va-t-il m'arriver ? », « Pauvre de moi ! » Je pratiquais la claire vision et l'étiquetage des pensées chaque fois qu'elles apparaissaient. « Pauvre de moi » n'a peut-être pas l'air de grand-chose, mais je ne soulignerai jamais assez la force de cet état émotionnel généralement sans paroles. Et l'intensité même de la réaction émotionnelle qui crie : « Je ne peux pas supporter ça ! » suffit à nous faire comprendre que nous sommes pris dans les filets d'un système de croyances.

Sans une présence consciente, ces croyances s'insinuent en nous avec une telle facilité que nous ne remettons jamais en question leur réalité. Avec la présence consciente, les pensées peuvent finalement être vues comme des pensées et rien de plus. En fait, nous parvenons même à comprendre qu'il est possible qu'elles ne disent pas du tout la vérité ! Ainsi, la souffrance n'est plus alimentée par notre acceptation aveugle de nos croyances ; nous ne les prenons plus pour la vérité sur la réalité.

Après avoir clarifié ces croyances, il m'a été plus facile de porter mon attention sur la résistance en elle-même. Prendre conscience de la résistance comme une expérience physique, sensorielle, est un grand pas en avant. Quand nous ne la considérons plus comme « l'ennemi », nous pouvons entamer le processus : nous nous détendons dans les sensations même de résistance. Nous apportons la conscience partout où nous sentons des tensions, des refus, de la retenue. Nous détendons ces énergies grâce à la douceur de l'attention qui soulève délicatement les bords de la plaie.

Au début, il n'est parfois pas possible d'envisager d'entrer directement dans notre souffrance. En ce qui me concerne, il m'était impossible de brusquement faire face à ma nausée. Par contre, aborder la douleur progressivement, depuis le pourtour, a permis ensuite une approche plus directe. Le fait de ne plus croire à mes pensées et de ne plus combattre ma résistance a fait que je me suis retrouvé simplement avec les sensations physiques de la nausée. Désormais, il s'agissait simplement d'un ressenti physique, sans qu'une souffrance y soit surimposée – c'était toute la différence. J'ai vu clairement comment nous nous attachons à notre souffrance à cause de pensées fondées sur la peur, qui surgissent en réaction à la douleur. Ces pensées sont encore solidifiées par notre refus de laisser la douleur simplement d'« être ».

Aussi souvent que j'en étais capable, j'inspirais dans l'espace du cœur et j'expirais en envoyant de la bienveillance à mon corps, à mon système immunitaire. Avec cette conscience de l'espace et du cœur, j'ai découvert que je pouvais entrer directement dans les sensations de nausée. Dans les moments où je pouvais sentir la nausée non comme une « douleur » mais comme une énergie physique intense, j'étais frappé par un sentiment de joie sereine. Parfois, je ressentais une profonde appréciation de l'instant – ce qui n'avait absolument pas lieu d'être, selon les critères ordinaires. S'ouvrir à la douleur peut ne pas être faisable si la douleur est intense, mais dans la plupart des cas elle n'est pas aussi insupportable que nous le *pensons*. Même si les sensations demeurent douloureuses, il nous est souvent possible de les ressentir pleinement.

Il arrive même qu'apporter une douce attention à la douleur puisse neutraliser les sensations.

Certes, nous ne pouvons pas toujours transformer la douleur pour qu'une souffrance absurde laisse place à une ouverture à ce qui est, mais nous pouvons au moins pratiquer pour voir les couches de croyances et de résistance qui maintiennent la souffrance en place. Nous nous rapprochons ainsi de l'accueil bienveillant de ce qui est. Mais voir à travers les épaisseurs de croyances et de résistance est souvent difficile, car notre conditionnement peut être très profond. Pourtant, si on ne les explore pas, ces croyances les plus secrètes sont justement celles qui gouvernent sournoisement notre vie. Combien d'entre nous, quand ils sont gravement malades, s'engagent-ils dans ce qu'il est convenu d'appeler « la lutte contre la maladie » ? Même quand nous comprenons comment pratiquer avec le mal-être, il est aisé d'être piégés par cette fausse croyance, si répandue aujourd'hui encore, selon laquelle « nous créons notre maladie » et qu'une pratique plus lucide devrait nous permettre de la « vaincre ». Nous croyons presque tous, jusqu'à un certain point, que des symptômes physiques impliquent que notre pratique est défaillante. Nous croyons au fond de nous que si nous pratiquons assez longtemps et assez énergiquement, nous parviendrons à dépasser nos problèmes. Sous cette vision des choses se cache une autre croyance encore mieux dissimulée : la vie devrait (ou pourrait) être libre de toute douleur.

Pourtant, le premier enseignement du Bouddha nous dit que la douleur existe, tout simplement.

Penser qu'en pratiquant assez fort et assez profondément on peut être libéré de la douleur est une croyance généralement fondée sur la peur. Plus que tout, nous craignons le sentiment d'impuissance qui arrive avec la perte de contrôle. Pour certains, et c'est mon cas, la réaction peut être de s'attacher à son identité – « Je suis quelqu'un qui accomplit des choses », « Je suis quelqu'un qui contrôle la vie grâce à ses connaissances » – en espérant que cela nous évitera de faire face à la peur, d'affronter notre sentiment d'impuissance. Cette peur nous empêche aussi de ressentir une authentique compassion : il est tellement plus facile de déprécier quelqu'un (y compris soi-même) en réduisant la maladie à une chose incompréhensible que l'on refuse de regarder en face que de ressentir l'impuissance et l'impression de perte de contrôle que la maladie provoque souvent. Mais la véritable solution consiste à s'abandonner à l'impuissance. Nous ne pouvons y arriver qu'après avoir renoncé à demander pourquoi (car c'est là encore une façon pour l'esprit d'espérer garder le contrôle par la compréhension) et avoir commencé à nous intéresser plutôt à la *nature* de l'instant. Cette nature ne se limite pas à l'inconfort physique ; elle inclut également toutes les croyances profondes associées à l'inconfort. Nous sommes tellement captivés par l'envie de trouver le sens de notre maladie ou de notre douleur que nous négligeons souvent les enseignements incroyables qui sont juste sous nos yeux, dans la nature même de notre ressenti de l'instant – symptômes, croyances ou émotions.

Un vieux proverbe zen dit : « Sur un arbre desséché une fleur s'épanouit. » Nous pensons souvent que guérir signifie que la maladie et la douleur vont disparaître. Mais guérir ne signifie pas nécessairement que le corps physique va récupérer, pas plus qu'un arbre desséché ne peut redevenir jeune. Guérir ne concerne pas seulement les symptômes physiques. Beaucoup guérissent tout en restant physiquement malades ; ils peuvent même mourir. D'autres récupèrent de leur maladie mais ne guérissent jamais vraiment.

Le processus de guérison passe par le débroussaillage du chemin qui mène à l'ouverture du cœur – ce cœur qui ne connaît qu'une chose : l'unité. Quand nous faisons l'expérience directe de cette ouverture, la fleur s'épanouit, quoi qu'il puisse arriver à notre corps. Dans *Le Scaphandre et le Papillon*, l'auteur, pourtant totalement immobilisé et soumis à d'innombrables tourments, était encore capable, dans une certaine mesure, de voler et d'être libre comme un papillon. Guérir, redevenir entier, signifie que nous ne nous identifions plus seulement à notre corps, à notre souffrance : nous nous identifions à un sentiment plus vaste d'Être.

Le fait est que le cœur est toujours ouvert. Cependant, le chemin qui mène à ce cœur est bloqué par des années de conditionnement. Il est embroussaillé par des protections, des prétentions, des croyances profondément enracinées, des images idéales de nous-mêmes, des peurs, de la colère, de la confusion, et par notre résistance à la vie telle qu'elle est. Dans la plupart des cas, nous refusons la douleur et la souffrance, et nous souhaitons que l'on s'occupe de nous. Nous voulons que quelqu'un (un conjoint, un enseignant) ou quelque chose (de meilleures circonstances ou une belle expérience) vienne tout arranger. Mais tant que nous ne sommes pas prêts à tirer une leçon de notre souffrance, la voie qui mène au cœur ouvert reste barrée. Tant que nous fuyons la douleur, notre souffrance persiste, et il est fort possible que notre plus grande souffrance soit précisément cette résistance à la douleur.

Il arrive pourtant que nous ne puissions plus fuir. Certaines conditions de vie particulièrement douloureuses prouvent qu'il n'est pas facile de nous en sortir. Qui peut dire quel degré de difficulté doit être atteint avant que nous cessions toute résistance ? Qui peut dire combien de temps il nous faudra pour apprendre ce que signifie « accueillir ce qui est » ? À quel moment serons-nous capables d'admettre que les circonstances douloureuses de notre vie sont en réalité notre meilleure occasion d'apprendre ? Quand je repense à cette période de ma vie où je me sentais le plus perdu, je vois clairement que c'est la maladie et tout le poids qui l'accompagnait – ma « souffrance » – qui ont servi de catalyseur pour faire basculer ma vie du bon côté.

Je ne voulais ni des nausées ni de la maladie ; je ne voulais pas avoir cette impression de tout perdre ; je voulais que tout cela disparaisse... Et c'est ainsi que « ma souffrance » est née. Après avoir compris que cette maladie était mon chemin de pratique, il m'est devenu de plus en plus évident que la véritable guérison ne concernait pas le rétablissement du corps ou la fin de toute forme de souffrance. Il s'agissait plutôt de devenir conscient des épaisseurs de croyances qui, fondées sur des émotions, bloquaient l'accès au cœur ouvert. Certes, il était encore important pour moi de recouvrer la santé physique. J'ai continué à faire ce qui me semblait utile pour retrouver l'équilibre du corps, en recourant notamment à l'accompagnement médical traditionnel, mais je ne me suis pas privé du plaisir de manger du chocolat ou de sortir au cinéma, par exemple. Ce que j'ai vraiment découvert, c'est une compréhension intérieure qui ne nie plus le rôle de la douleur, des situations difficiles et de la souffrance.

Après avoir dépassé le cap des symptômes physiques douloureux et recommencé à fonctionner assez bien, j'ai vu combien il serait facile de retomber dans les vieilles habitudes. Je pouvais utiliser la rémission de la maladie de mon système immunitaire pour prétendre que tout allait bien. Heureusement, j'avais suffisamment appris ma leçon pour savoir que cela reviendrait à patiner sur une fine couche de glace. J'ai commencé une pratique consistant à avoir une « journée malade » par semaine. Même si je me sentais bien, je vivais ce jour-là comme si j'étais encore malade. Je ne passais pas des heures sur le canapé, comme je l'avais fait à certaines périodes de ma maladie, mais je ralentissais délibérément tous mes mouvements. Cela me donnait l'opportunité d'apprécier les profondeurs de présence consciente qui se révèlent quand nous ralentissons assez pour permettre à la vie d'entrer : observer les pensées sans se laisser piéger par elles ; sentir la texture de la vie sans résistance ; voir que nous ne sommes pas obligés de nous activer tout le temps ; lâcher l'attachement au confort ; aller jusqu'aux racines de la peur ; ressentir la joie simple de certaines activités ordinaires. J'apprécie tellement cette journée hebdomadaire et l'occasion qu'elle offre de rétablir mon échelle des priorités que je continue à la pratiquer depuis neuf ans.

Par ailleurs, je suis devenu bénévole auprès de malades en soins palliatifs. Mon travail consiste à aller chez des personnes en fin de vie, simplement pour être auprès d'elles et les aider dans la mesure de mes possibilités. Cette « pratique » s'est avérée inestimable pour moi, car l'intensité de la situation m'aide à rester vigilant. Voir d'autres personnes souffrir, voir d'autres personnes se battre contre la souffrance souvent intense qui entoure la mort, permet de faire remonter à la surface toute forme de souffrance non résolue. Je peux désormais vivre cela en comprenant que la douleur existe, tout simplement, et qu'en lui résistant, en croyant à la réalité des pensées qui émergent d'elle, nous transformons cette douleur en un poids lourd que nous appelons « ma souffrance ».

Chaque visite à une personne en fin de vie me rappelle que pour obtenir une véritable guérison, il ne faut pas repousser la douleur, mais au contraire la prendre en considération, ressentir sa texture du mieux possible et lui permettre de pénétrer jusqu'au cœur ouvert. Cette sorte de guérison ne naît pas d'un effort délibéré ni d'une lutte contre soi-même ; elle naît d'un effort doux, spontanément issu de la compréhension qu'il n'y a pas d'ennemi à combattre. Quand cette compréhension s'approfondit, quand nous sommes davantage prêts à accueillir la vie telle qu'elle est, nous voyons apparaître un élément essentiel du processus : la bienveillance.

Ma santé a été plutôt bonne ces dernières années, mais il arrive que les vieux symptômes réapparaissent violemment d'un seul coup, pour durer entre quelques heures et plusieurs jours. Parfois, quand j'en suis réduit à rester couché en position fœtale, j'observe, à un niveau presque microscopique, comment je suis tenté de transformer cette douleur en souffrance. Des pensées de résistance envahissent mon esprit, suivies par la voix de la peur et celle de l'apitoiement. Dès que je reconnais ces voix, elles perdent de leur pouvoir. Mon attention passe directement au centre de la poitrine : j'inspire dans l'espace du cœur et j'expire en envoyant de la bienveillance à mon corps.

Même si je crois vraiment que la présence consciente contribue à redonner au corps son équilibre, qui sait comment ces processus fonctionnent réellement ? Mais du moins je peux dire avec certitude que tant que nous résistons à la douleur, tant que nous considérons nos difficultés comme des obstacles, tant que nous continuons à lutter contre nous-mêmes, nous ne pouvons pas vraiment guérir. Nous restons à jamais enfermés dans notre « scaphandre » de souffrance.

Travailler avec la douleur et la souffrance exige la précision du regard lucide posé sur les pensées auxquelles nous croyons, et une attention douce qui nous permet de pénétrer avec délicatesse dans les zones sensibles que nous avons essayé d'éviter jusque-là. En avançant ainsi, nous découvrons toute la souffrance que nous créons inutilement. La clarté de ce regard nous donne ensuite le courage de continuer à travailler avec la souffrance, même dans les moments où elle semble ne jamais vouloir cesser. Ce qui apparaît alors, c'est une compassion toujours plus grande pour nous-mêmes et pour le grand drame humain. Nous voyons que le chemin ne s'arrête pas à la douleur et à la souffrance ; celles-ci ne sont que les véhicules les plus efficaces pour réveiller notre cœur.

11

Pratiquer avec la souffrance

Le sentiment de ne pas être en phase avec la vie et d'être submergé par les obligations n'a rien de nouveau. Comme le Bouddha l'a montré il y a plus de deux mille six cents ans, nous serons toujours confrontés à la douleur et à la souffrance. Nous aurons toujours quatre-vingt-trois problèmes : soucis matériels, difficultés relationnelles, peur pour notre santé, recherche forcenée du succès et de la reconnaissance, etc. Mais peut-être est-ce notre quatre-vingt-quatrième problème – le fait de ne pas vouloir avoir de problèmes – qui plonge notre époque dans la détresse émotionnelle.

De nombreuses personnes commencent à méditer dans l'espoir que cette pratique va les apaiser et les soulager de leurs tensions. La méditation peut avoir cet effet jusqu'à un certain point. La plus superficielle des pratiques de méditation peut apporter un sentiment de calme, tandis que les formes les plus avancées peuvent nous amener bien au-delà d'un simple calme, jusqu'à une vaste expansion de la conscience. Dans ce contexte plus spacieux, nous pouvons accueillir les hauts et les bas du quotidien avec équanimité.

Cependant, quand nous sommes plongés jusqu'au cou dans la détresse émotionnelle, nous avons de la chance si nous parvenons seulement à nous souvenir de pratiquer. Comment pratiquer vraiment lorsque nous sommes pris dans une tempête de pensées obsessionnelles et d'émotions déchaînées ? Nous ne pouvons pas nous extraire simplement de la situation difficile et partir méditer. Même si nous le pouvions, nous asseoir en suivant le rythme de la respiration aurait peu de chances de nous apporter la paix de l'esprit si nous utilisions la réactivité émotionnelle comme un pansement destiné à recouvrir nos difficultés plus profondes.

Quand la clarté de la pratique est obscurcie par la sombre énergie et le tourbillon de la détresse émotionnelle, quelques rappels clairs et concis peuvent être utiles pour nous ramener à la réalité. Nous avons besoin de savoir avec précision comment pratiquer de façon efficace quand nous sommes piégés par les problèmes. Même si l'on ne doit jamais réduire la pratique à une formule ou à une série de techniques, certains conseils peuvent nous aider à pratiquer avec les réactions émotionnelles difficiles, en particulier avec celles qui sont le plus profondément enracinées, qui viennent directement de nos peurs et de notre souffrance fondamentales. Les quatre rappels suivants reflètent la compréhension qui nous aidera quand nous nous sentirons perdus.

Tout d'abord : *éveiller l'aspiration*. Au niveau élémentaire, cela signifie simplement que nous nous rappelons la pratique. Une fois que nous pensons à pratiquer, éveiller l'aspiration signifie que nous considérons cette détresse particulière *comme notre voie*. Au lieu de la voir comme l'ennemi, comme quelque chose dont nous devons nous débarrasser, au lieu de la renforcer en solidifiant les pensées qui s'y rapportent en une lourdeur et un drame « personnel », nous apprenons à considérer cette détresse comme une occasion d'ouvrir les yeux et le cœur, comme notre voie vers l'Éveil.

Quand nous sommes plongés dans les ennuis, peut-être pensons-nous que la vie ne devrait pas être aussi dure. Notre mal-être ne correspond pas à l'idée que nous nous faisons de la vie. Quand celle-ci ne correspond pas à l'image que nous en avons, nous sentons généralement que quelque chose ne va pas. Ce n'est pas tant que quelque chose ne va pas, mais plutôt que notre approche de la vie est axée sur la perspective du « Je veux », laquelle est fondée sur la peur. Ce que nous voulons, c'est nous sentir bien, et comme notre détresse émotionnelle est déplaisante, nous nous en écartons presque instinctivement. Notre mal-être engendre la peur et cette peur renferme encore plus de mal-être. Il n'est guère étonnant que nous considérions cette détresse comme l'ennemi, comme quelque chose dont il faut se débarrasser. Nous devons renverser notre vision fausse des choses et la redresser pour comprendre ce que signifie « considérer les difficultés comme la voie ». Quand j'ai vraiment compris cet enseignement – pour l'avoir vécu dans mon corps et pas seulement comme une compréhension intellectuelle –, ma relation à la vie a pris un virage à cent quatre-vingts degrés. Le vrai problème n'était plus mon bien-être physique ni mon ressenti à tout ce qui m'arrivait ; il s'agissait en fait d'être plus éveillé, d'apprendre ce que j'avais à apprendre pour que la peur cesse d'empêcher mon cœur de s'ouvrir. Cela ne veut pas dire que nous devons nécessairement aimer ce que la vie nous réserve, mais qu'accepter de s'ouvrir aux difficultés de la vie ne dépend pas du fait qu'on les aime ou non. Voir nos difficultés comme notre chemin de vie, leur permettre d'éveiller notre aspiration, signifie que nous sommes prêts à les accueillir, quel que soit notre ressenti. Cela signifie que notre priorité est d'apprendre, de nous ouvrir, de nous éveiller.

La seconde chose dont il faut se souvenir, c'est *d'éveiller notre curiosité* en posant la question clé qui fait partie intégrante de la pratique : « Mais qu'est-ce que c'est ? » Ce n'est ni l'expression d'une curiosité superficielle ni une exploration analytique. Cette question a pour but d'éveiller le désir de connaître la vérité de l'instant en la ressentant dans notre corps. Nous ne pouvons pas connaître la vérité de l'instant par l'expérience directe tant que nous portons des jugements, que nous nous apitoyons sur notre sort, que nous essayons de fuir ou que nous accordons foi à des pensées comme : « Ce n'est pas juste », ou « Je n'y arriverai pas ». Nous restons bloqués au niveau de la pensée ; c'est là que les choses prennent une apparence solide, sombre et ingérable.

Quand nous éveillons notre curiosité, nous revenons sans cesse au ressenti physique de l'instant, à la nature physique de notre vécu, laquelle est changeante, légère et tout à fait gérable.

Il y a quelques années, suite à un dépistage du cancer de la prostate, on m'a annoncé des résultats alarmants. Au lieu de faire une biopsie, j'ai choisi de me soigner tout seul pendant six mois, en combinant la méditation de guérison, l'acupuncture et les plantes. J'ai refait le test ensuite pour voir ce qu'il restait de cellules cancéreuses. Conscient qu'il serait très désagréable de me faire opérer de la prostate, d'autant que cette opération entraîne des risques d'incontinence et d'impuissance, je ressentais beaucoup de peur en attendant les résultats. Ma pratique consistait à rester relié au corps et à me demander, encore et encore : « Qu'est-ce que c'est ? » La combinaison de la peur et de l'apitoiement sur moi-même était très puissante, de même que le désir de fuite, mais mon effort soutenu pour revenir à la réalité physique de l'instant a fini par briser l'apparente solidité de la peur. La question « Mais qu'est-ce que c'est ? » fonctionnait comme un laser en concentrant l'attention sur le ressenti même de la peur. Après deux jours de cette pratique, j'ai pris conscience que rien de ce que j'appréhendais ne se produisait ni ne s'était jamais produit ! Il n'y avait de douleur que celle générée par mes pensées. Cette vision claire des choses a réussi à faire éclater définitivement la bulle de mes peurs. La vision claire n'était pas le produit de la pensée mais du fait que j'étais resté en contact avec la nature réelle de l'instant présent. Elle était le produit de mon désir de connaître la réalité.

La troisième chose à ne pas oublier quand on travaille avec la détresse émotionnelle, c'est d'*éveiller notre sens de l'humour*, ou du moins de poser un regard plus ouvert sur les choses. Quand nous sommes obsédés par quelque chose qui se produit surtout dans la tête, il est toujours bon de se rappeler ces mots de Mark Twain : « Je suis très âgé. J'ai eu beaucoup de problèmes. La plupart d'entre eux ne se sont jamais concrétisés. »

Une façon d'élargir notre perspective consiste à considérer que nos difficultés ne sont que la manifestation d'un des aspects de notre conditionnement. Quand nous nous en souvenons, nous pouvons nous dire : « Tiens ! Le revoilà, celui-là. Comment va-t-il se présenter cette fois-ci ? » Il ne s'agit pas d'une astuce pour éviter de faire face à nos problèmes, mais plutôt d'un moyen de prendre juste assez de recul pour pouvoir entrer dans la difficulté sans être submergé. Nous pouvons également nous demander : « Ai-je déjà eu ce problème avant ? » Bien sûr que nous l'avons déjà eu, et certainement plus d'une fois ! Pouvons-nous le voir pour ce qu'il est, c'est-à-dire une simple réaction conditionnée ? En considérant les choses ainsi, nous cessons de nous identifier à nos difficultés ; la perspective s'ouvre ; le contexte est plus vaste ; et la vision en tunnel, étroite, qui accompagne souvent la détresse émotionnelle, s'élargit.

Un jour, alors que ma boîte de Pandore s'ouvrait toute grande, je suis allé trouver Joko pour lui décrire ce qui se passait. Je me sentais sombre et lugubre ; j'étais embarrassé de révéler que je ressentais tant de peurs. Elle m'a souri et m'a dit : « C'est intéressant. Voyons cela de plus près. » J'ai eu le sentiment que ce n'était pas de moi que nous parlions, juste de choses et d'autres ; la perspective était plus ouverte. Ce n'est pas que mes peurs étaient une illusion et qu'elles pouvaient donc être ignorées, mais simplement qu'elles faisaient partie de mon conditionnement particulier. Les replacer dans ce contexte m'a permis de regarder « mes peurs » avec plus de légèreté. J'ai même été capable de rire du fait que, lorsque mon père me répétait : « Il ne faut avoir peur de rien, sauf de la peur », j'avais compris qu'il fallait craindre la peur – c'est-à-dire le contraire de ce qu'il souhaitait pour moi ! Cultiver l'humour et élargir ma perspective : cela a été capital pour m'aider à émerger de ce qui avait été un tunnel de peur depuis le début de ma vie.

Depuis, j'ai développé un exercice que je pratique à l'occasion, généralement pendant toute une journée. Chaque fois que je me retrouve prisonnier d'une réaction ou d'un jugement, en particulier vis-à-vis de moi-même, je prends conscience de ma respiration et, sur l'inspiration, je me dis : « Pas moi ». Cela m'aide à voir mes réactions et mes jugements comme des conditionnements et rien de plus. Ensuite, sur l'expiration, j'adoucis les contours de ma souffrance.

Contrairement à une affirmation positive, cet exercice n'est pas un vernis superficiel. Il exige que nous soyons clairement et précisément conscients de nos pensées. Pour le pratiquer, nous devons encore être au contact de la composante physique de notre ressenti, mais il atténue la perspective limitée et égocentrique qui accompagne souvent le processus d'apprentissage de la connaissance de soi. Ce faisant, il sert à nous rappeler la vue d'ensemble et nous aide à générer de la compassion.

Une grande partie du fardeau de notre détresse vient de la croyance que nous devrions être différents. Surtout après avoir pratiqué pendant quelques années, nous estimons que nous ne devrions plus réagir aussi fort ; que nous devrions avoir dépassé nos conditionnements. Mais ce n'est pas ainsi que fonctionne la pratique. Voici une comparaison plus juste de ce qui se passe au fil du temps : au début, c'est comme si nous tenions en laisse un dogue allemand obstiné qui nous tire à son gré dans toutes les directions. Au bout de nombreuses années de pratique, nous sentons toujours qu'il tire sur la laisse, nous l'entendons japper et réclamer plus de liberté – notre conditionnement est toujours là. Mais quand nous regardons le chien, nous voyons que ce n'est plus qu'un chihuahua. Pour le dresser, nous n'avons qu'à le laisser japper autant qu'il veut et tirer légèrement sur la laisse.

Le quatrième rappel consiste à éveiller *la bienveillance*. Il s'agit de la capacité d'émettre, depuis le cœur, une présence consciente, sans jugement, dirigée vers les aspects du « moi » que nous refusons. On ne soulignera jamais assez l'importance de ce quatrième rappel. Nous sommes tellement habitués à insister sur ce qu'il y a de plus négatif en nous que nous ne pensons même pas à ressentir de la compassion ou de la gentillesse à notre égard. Pourtant, quand nous atténuons notre autojugement grâce à la bienveillance, le sentiment de drame et de fardeau qui nous pèse tant se trouve considérablement allégé.

Par exemple, quand la confusion apparaît, au lieu de nous condamner, nous prenons conscience de ce qui arrive et nous en faisons l'expérience directe tout en apprenant à offrir une attention bienveillante à cette personne un peu perdue appelée « moi ». Quand la maladie frappe, au lieu de nous percevoir comme déficients ou d'analyser pourquoi nous sommes malades, nous pouvons partir du cœur pour envoyer une attention bienveillante à tout notre corps. Nous pouvons constater alors plus de douceur et d'ouverture dans notre espace intérieur. Si nous pratiquons régulièrement cet éveil de la bienveillance à notre égard, elle commence à faire partie de nous avant de devenir notre réponse naturelle à la vie.

Parfois, quand la détresse émotionnelle est particulièrement accablante, rien de ce que nous avons appris pour y faire face ne semble approprié. Des réactions fortes et intenses peuvent nous laisser avec le sentiment d'être perdus, dépassés. Dans ces moments les plus sombres, la pratique consiste à porter l'attention au centre de la poitrine et à inspirer les émotions douloureuses directement dans l'espace du cœur. C'est comme si nous respirions directement dans le cœur le tourbillon des sensations physiques. Ensuite, dans l'expiration, on se contente de laisser sortir l'air. Ce faisant, nous n'essayons pas de faire ou de changer quoi que ce soit ; nous permettons simplement au centre du cœur de s'ouvrir pour pouvoir accueillir davantage de présence consciente en ressentant pleinement la détresse.

C'est quand nous nous perdons dans ces émotions les plus sombres que nous risquons de nous juger très sévèrement. Nous solidifions nos croyances négatives fondamentales selon lesquelles nous ne valons rien, nous sommes faibles, nous n'arriverons jamais à rien. Il semble que rien ne puisse nous arracher à cette honte. Mais respirer les sensations douloureuses directement dans l'espace du cœur sape la force de ces croyances profondément enracinées. Respirer au niveau du cœur est un acte de compassion car, en nous ouvrant ainsi à nos jugements négatifs sur nous-mêmes, nous nous ouvrons à la douleur universelle attachée à la condition humaine.

Cette pratique nous pousse vers nos limites, vers le point que nous croyons ne pas pouvoir dépasser. Respirer au centre de la poitrine, inspirer cette bouffée d'air directement dans l'espace du cœur, nous ouvrir à la douleur qui semble devoir nous consumer, nous apprend qu'elle ne va pas nous consumer. Nous commençons à sentir à quel point le cœur peut s'ouvrir et comment, dans cet espace, la sévérité de nos jugements s'adoucit et nos humeurs les plus sombres s'éclaircissent. Nous comprenons que l'attention consciente a un pouvoir de guérison et que, pour avoir accès à cette guérison, une seule autre respiration au niveau du cœur suffit.

En résumé, voici les quatre points dont il faut se souvenir pour pratiquer avec la détresse émotionnelle :

Éveiller l'aspiration : considérer notre détresse comme la voie vers l'Eveil.

Éveiller la curiosité : avoir une expérience directe de la réalité physique de l'instant en posant la question : « Mais qu'est-ce que c'est ? »

Éveiller l'humour : placer nos difficultés dans une perspective plus large en les voyant simplement comme « ces choses » qui font partie de notre conditionnement.

Éveiller la bienveillance: permettre à l'espace grand ouvert du cœur de guérir notre honte la plus profonde et nos états d'esprit les plus sombres.

Se remémorer ces quatre points implique que nous révisions quelques questions fondamentales dans la pratique: «Que sont les pensées?» «Quelles sont mes représentations, mes exigences, dans cette situation?» «Comment est-ce que je crois que les choses *devraient* être?» Nous devons mettre des mots sur nos pensées, encore et encore, pour voir clairement tous les idéaux et toutes les attentes sur lesquels nous avons basé notre vie. Et tout en mettant au grand jour nos décisions fondamentales erronées, nous devons sans cesse retourner au ressenti de la réalité physique de l'instant.

Demeurer délibérément dans le ressenti de la détresse, ne plus résister à ce qui est: voilà la véritable clé de la transformation. Cela signifie apprendre à accueillir nos difficultés. Et que signifie «accueillir une difficulté»? Il ne s'agit pas d'aller à la recherche de nos peurs profondes, de nos humiliations ou de nos désirs, mais de nous ouvrir pleinement à leur brûlure, dès l'instant où ils se présentent. Pour trouver le chemin vers l'ouverture du cœur, nous devons travailler sur tout ce qui peut en bloquer l'accès. Aussi douloureux que soit le face-à-face avec nos peurs, il arrive un jour où il est encore plus difficile de ne pas les affronter. C'est un moment crucial dans la vie spirituelle.

Dans le film *Un monde pour nous*[16], un lycéen veut sortir avec la fille la plus jolie et la plus intelligente de sa classe. Après avoir écouté ses amis qui lui répètent qu'il est un *nerd* et qu'il va inévitablement être rejeté et blessé, il ouvre grand les bras vers le ciel et s'écrie : « Mais *je veux* être blessé ! » Il comprend qu'en étant véritablement ouvert, il s'ouvre au risque d'être vulnérable.

Au milieu de nos soucis, il est parfois bon de nous souvenir consciemment que notre drame personnel nous empêche de vivre notre vie authentique. Sentir les limitations de nos peurs, de notre honte et de notre souffrance, et respirer tout cela dans l'espace du cœur, nous permet de faire tomber les barrières de protection qui enferment notre manière d'être « de substitution ». Quand nous commençons à dépasser cette fabrication artificielle que nous appelons « moi » – siège de toute notre détresse émotionnelle –, nous pénétrons dans un espace de conscience plus vaste. Nous voyons que notre drame émotionnel, si pénible soit-il, n'est autre qu'un assemblage de pensées, de souvenirs et de sensations. Ce que nous sommes vraiment, ce qui nous relie au tout, est tellement plus vaste que ce simple corps, que ce simple drame personnel !

S'ouvrir une fois, deux fois, voire une douzaine de fois à cette perspective plus vaste ne signifie pas que nous n'aurons plus de réactions émotionnelles. Mais

16. Film de Cameron Crow (titre original : *Say Anything*, 1989).

ne pas la perdre de vue nous aide à éviter de nous noyer dans nos problèmes aussi vite, aussi intensément ou aussi longtemps qu'auparavant. Nous commençons à comprendre et même à croire vraiment que « nos problèmes » sont gérables. Nous découvrons enfin que notre état émotionnel a beau être confus ou douloureux, il ne s'agit que de pensées auxquelles nous nous sommes attachés, combinées à des sensations physiques fortes ou désagréables. Tout ce que nous avons besoin de faire, c'est accepter d'accueillir ce que la vie nous présente. Quand nous nous autorisons finalement à être avec ce que nous préférerions éviter – autrement dit avec un certain mal-être –, notre prétendu drame devient lui-même la voie vers la liberté.

12

Travail et pratique

Quand j'avais entre vingt-cinq et trente ans, j'ai occupé des postes classiques de col blanc, d'abord comme enseignant puis comme programmeur en informatique, mais je n'étais pas heureux. Je détestais ce que je faisais et pendant plus d'un an je me suis creusé la tête pour trouver ce que pourrait bien être « l'œuvre de ma vie ». Je venais de commencer la pratique et un ami pratiquant m'a dit : « Chaque fois que tu sentiras monter l'angoisse à propos du travail qui te conviendrait, arrête d'y penser et essaie plutôt de ressentir la réalité physique de ta vie à ce moment-là. » À cette époque, sa suggestion n'avait aucun sens pour moi, mais j'étais tellement désespéré que j'ai tout de même essayé. Après avoir pratiqué ainsi pendant quelques mois, sans avoir eu la moindre inspiration lumineuse quant au travail que je pourrais faire, j'ai commencé à ressentir quelque chose d'authentique dans la qualité d'attention qui apparaissait quand je mettais cette pensée de côté pour me concentrer sur la nature de l'instant présent. Et un jour, j'ai su brusquement que « ma voie » était de devenir charpentier. N'ayant aucune expérience dans ce domaine, il était évident qu'en me formant à ce métier j'allais devoir affronter nombre de peurs et d'images que je m'étais forgées sur moi-même et qui, je le savais, m'empêchaient d'avancer.

Quand nous essayons de prendre une décision importante, comme la direction de notre activité professionnelle, il est bon d'être prêt à lâcher la sempiternelle évaluation des « pour » et des « contre ». Sinon, la ronde incessante de nos pensées continue à tourner. Les réponses authentiques n'arrivent que quand nous avons une claire compréhension de qui nous sommes et de ce qu'est notre vie. Mais une telle compréhension restera floue tant que nous n'aurons pas lâché nos obsessions et que nous n'aurons pas ressenti physiquement, en profondeur, l'angoisse de ne pas savoir quoi faire. Tandis que le faisceau de l'attention traverse les couches de stress et de mal-être, nous découvrons une clarté d'intention qui continuerait de nous échapper si nous nous contentions d'essayer de démêler la confusion de notre mental.

Si nous tenons autant à ce que nos décisions soient le fruit de notre réflexion, c'est à cause de notre besoin, très humain, de sentir le sol sous nos pieds. Quand nous réfléchissons à ce que pourrait être l'œuvre de notre vie, nous sommes également mus par notre attachement à la sécurité et par un besoin de certitude. Nous gravitons autour de notre monde mental en croyant que nous pourrons ainsi éviter le sentiment de perdre pied qui est inhérent au changement. En réalité, c'est quand on s'autorise à perdre pied que l'on trouve la clé du problème. Accepter de sentir réellement le sol se dérober sous nos pieds : voilà ce qui finira par nous apporter la clarté, parce que nous pourrons ainsi voir à travers notre peur et au-delà de ses racines. Mais nous ne pourrons le faire qu'après avoir accepté d'abandonner notre addiction à la pensée subjective. Je ne dis pas qu'il faut jeter aux orties toute forme de pensée. Il y aura toujours des considérations pratiques à régler – argent, éducation, etc. –, mais nous ne devons pas nous focaliser sur ces facteurs logistiques quand nous envisageons ce que sera l'œuvre de notre vie.

Il y a peut-être une question que nous ne nous posons pas assez souvent : « Qu'ai-je à offrir ? » Nous sommes tellement concentrés sur ce que nous pouvons retirer d'un travail ou d'une activité que nous oublions de considérer le sentiment de satisfaction que nous pouvons avoir quand notre contribution apporte quelque chose d'unique. Nous pouvons prendre la question « Qu'ai-je à offrir ? » comme un koan et laisser ainsi l'analyse mentale de côté pour pénétrer dans l'expérience du non-savoir. Le simple fait de poser la question et de se concentrer sur la nature de l'instant n'apportera peut-être pas de réponses immédiates. Et l'expérience peut ne pas être très agréable, puisqu'elle nous fait de nouveau affronter le sentiment de perdre pied. Pourtant, quand on est présent à l'instant, on ne peut s'empêcher de ressentir quelque chose de fort et de vrai, bien loin de la confusion de l'univers mental.

Une difficulté très répandue dans le monde du travail consiste à se retrouver dans une situation où l'on se sent piégé, angoissé ou tout simplement malheureux. On ne souhaite pas nécessairement changer de métier mais on se demande sans cesse si on doit changer de poste. Dans le contexte de la pratique spirituelle, il s'agit là d'une question intéressante. La réaction « normale » face à une situation professionnelle difficile, c'est de croire que quelque chose ne va pas et de quitter son travail. Mais quand on mène une vie de pratique, on ne mesure pas la valeur d'une chose en fonction du plaisir ou du bien-être que l'on en retire. Bien sûr, nous tenons compte du degré de notre détresse, mais plutôt dans la mesure où ce qu'elle nous apprend sur nous-mêmes peut nous transformer. Grâce à la pratique, nous savons que ce n'est pas parce qu'une situation exige de nous un effort a priori désagréable qu'il faut l'éliminer. Le fait qu'une situation nous semble difficile ne la rend pas difficile pour autant. Du point de vue de la pratique, c'est même souvent le contraire.

Si votre travail est source d'émotions violentes, il y a sans doute quelque chose d'intéressant à en apprendre du point de vue de la pratique. Le problème ne vient pas seulement du travail. Si deux personnes exercent le même métier, l'une peut en retirer de la satisfaction tandis que l'autre en souffrira. Notre réaction émotionnelle est d'abord fondée sur ce que *nous* apportons à notre activité plutôt que sur l'activité elle-même. Nos réactions sont toujours étroitement liées à tout ce que nous y ajoutons : attentes, besoins et projections.

Il ne s'agit pas de garder son emploi dans le simple but de pouvoir pratiquer, mais nous devons au moins considérer ce que nous pouvons apprendre d'un travail avant de décider de le quitter. Il est bon que vous gardiez ce poste tant que vous aurez de fortes réactions émotionnelles ; vous aurez ainsi l'occasion de voir la véritable nature des pensées auxquelles vous vous accrochez et des peurs conditionnées qui vous agitent. Si vous partez trop vite vers un autre emploi, vous emporterez avec vous les mêmes croyances et les mêmes peurs. S'il vous semble impossible de rester dans le poste que vous occupez, vous pouvez vous fixer une limite de temps et essayer d'apprendre autant que vous le pourrez avant de partir.

Même si nous aimons notre travail ou si, du moins, nous n'avons pas l'intention de quitter notre poste actuel, il y a toujours moyen d'intégrer davantage la pratique de l'attention dans notre journée. Ce dont nous avons probablement besoin avant tout, c'est de changer le regard que nous portons normalement sur notre travail – que nous tenons généralement à l'écart de la pratique spirituelle – et de le considérer comme notre voie. Nous oublions souvent ce qu'est notre vrai travail, l'œuvre de notre vie. L'œuvre de notre vie, c'est de nous éveiller à ce que nous sommes vraiment. Quand nous gardons cela à l'esprit, nous risquons moins de créer une division entre le travail et la pratique spirituelle. Nous commençons à comprendre qu'il est possible de pratiquer avec *tout* ce que la vie nous apporte, y compris notre activité professionnelle.

Changer ainsi notre façon de voir va à l'encontre d'opinions et d'habitudes forgées de longue date. Par conséquent, la meilleure façon de transformer notre relation au travail est d'avancer un pas après l'autre. C'est là que la pratique de la pleine conscience, le fait de porter l'attention sur la « texture globale » de l'instant présent, peut s'avérer particulièrement bénéfique. Développer l'attention est un peu comme faire un travail manuel. Il n'y a rien de romantique, de mystique ni même d'enthousiasmant à travailler avec les boulons et les vis de notre routine quotidienne, mais nous ressentons pourtant une subtile satisfaction quand nous commençons à comprendre qu'il est possible de pratiquer avec tout ce qui se présente. Nous voyons que de simples gestes, comme décrocher un téléphone qui sonne, fermer une porte, prendre conscience des sons ou même aller aux toilettes, peuvent tous être des rappels pour nous éveiller à l'instant présent. Dès lors, notre travail devient une occasion supplémentaire d'éveil.

L'une des clés de la pratique avec l'activité professionnelle implique que l'on observe de près les drames émotionnels qui se répètent dans l'environnement du travail. Quelles que soient les croyances fondamentales que nous avons développées et les stratégies de comportement que nous avons adoptées, elles ne feront que compliquer les situations, aussi bien au travail que dans nos relations avec les autres. L'environnement de travail le moins personnalisé peut contribuer à nous renvoyer l'image des schémas que nous répétons dans toutes les autres situations de la vie.

Pendant dix ans, à partir de l'âge de onze ans, j'ai travaillé chaque été pour mon père. Avec mon frère et mes sœurs, nous formions l'équipe de vendeurs de son magasin de souvenirs sur le front de mer d'Atlantic City. Nous avions beau être des vendeurs très persuasifs, quand les affaires n'allaient pas trop bien mon père s'en prenait parfois à nous dans une explosion de colère. Malheureusement, sa colère était généralement dirigée vers un seul enfant et il me semblait que, la plupart de temps, c'était moi. Quand il était furieux, mon père était très impressionnant. Il criait en disant que je ne faisais aucun effort, que je n'appréciais pas la chance qu'il me donnait, que je faisais semblant de travailler. Quand il criait ainsi, tout le monde se figeait sur place. Ensuite, dès qu'il quittait le magasin d'un pas rageur, les clients nerveux, en particulier ceux dont je m'occupais, se mettaient à acheter sans compter. Avec le recul, cela paraît presque comique, mais à l'époque l'humour était bien loin de mon esprit.

Même si je fulminais lorsque je me sentais injustement grondé, je continuais à me comporter comme un bon garçon et j'essayais de travailler toujours mieux. À un moment, j'ai commencé à faire une liste de mes ventes et à les additionner à la fin de la journée pour montrer à mon père que j'étais à la hauteur. Pendant longtemps, dans différents contextes, j'ai continué à établir des « listes » pour prouver ma valeur. Il me semblait que, si je pouvais démontrer concrètement ma réussite, ma productivité, ma valeur, j'éloignerais la peur fondamentale d'être jugé incompétent.

Bien entendu, cette stratégie, comme toutes les stratégies de changement de comportement, n'a jamais vraiment fonctionné. Elle m'a peut-être permis d'obtenir des succès extérieurs dans la mesure où elle m'a forcé à exceller, mais elle n'a jamais guéri ma peur profonde de ne pas être à la hauteur.

Cette peur, comme toute l'angoisse qu'elle générait au quotidien, ne pouvait être tenue à distance que temporairement. Tant que nous ne voyons pas clairement que nous fonctionnons à partir de représentations mentales, et que nous n'acceptons pas de ressentir les couches de protection et de peur qui se cachent sous ces représentations, toute transformation significative nous échappera. Quand j'ai fini par comprendre le sens réel de cette dynamique, j'ai pu commencer à travailler de façon très différente sur ce schéma de comportement profondément ancré en moi. Au lieu d'essayer de vivre à la hauteur d'une représentation idéale de moi-même, au lieu de continuer à « faire des listes », j'ai appris à porter mon attention sur la peur elle-même.

Chacun de nous doit considérer sa façon à lui de « faire des listes ». Êtes-vous du genre à être bloqué dans votre identité d'« enfant » qui cherche à faire plaisir et à être approuvé par toute personne qu'il identifie aveuglément à une autorité ? Ou bien votre schéma consiste-t-il à être très très occupé, avec le sentiment angoissant que vous jonglez avec au moins une assiette en trop ? Êtes-vous capable de voir que votre hyperactivité est une drogue, que vous l'utilisez pour vous prouver votre valeur et vous distraire de la peur sous-jacente de n'être « rien » ? Nous sommes persuadés que nous devons faire absolument tout ce qui nous incombe, mais il suffit d'une période de maladie un peu longue pour nous prouver que ce n'est pas vrai. Nous ne sommes pas indispensables et une grande partie des choses que nous croyons devoir faire peut être déléguée, mise en attente ou même effacée de notre agenda. Le problème n'est pas la quantité de travail que nous avons à accomplir, mais la façon dont nous utilisons ce travail pour renforcer et solidifier notre identité. Vivre une pratique spirituelle, c'est se libérer de *toutes* les identités restrictives, en particulier de celles essentiellement basées sur la peur. Votre fonctionnement personnel est peut-être davantage basé sur l'inquiétude, qu'il s'agisse de réussite professionnelle, de sécurité d'emploi ou d'insécurité financière. Quel que soit le motif de l'inquiétude, le vrai problème est l'obsession que crée cette inquiétude ; plus encore, c'est l'obsession de maintenir l'existence d'un « moi ».

Dans toutes les situations citées en exemple, la pratique est la même. D'abord, nous devons voir clairement nos schémas particuliers habituels. Ensuite, nous devons prendre conscience des images et des croyances à partir desquelles nous fonctionnons. Enfin, nous devons nous autoriser à faire l'expérience directe des peurs qui ont généré ces croyances et ces comportements. Quand nous commençons à utiliser dans cette optique notre environnement professionnel, en profitant de nos perturbations émotionnelles pour mieux démonter la structure de notre identité – « qui » nous croyons être –, nous pouvons avancer : au lieu d'être prisonniers du chaos du lieu de travail, nous utilisons ce chaos comme le véhicule qui nous mènera à la libération.

Nous devons aussi évoquer la question de l'épuisement au travail, le fameux burn-out. Quand nous nous épuisons ainsi, non seulement nous perdons notre motivation à travailler, mais nous devenons également cyniques et négatifs ; nous pensons que nous ne pourrons jamais plus trouver la moindre satisfaction à ce que nous faisons. Dans la vie de pratique, la première étape pour faire face à l'épuisement au travail consiste à être toujours plus attentifs à ce que *nous* ajoutons à notre travail. Autrement dit, au lieu de regarder les aspects négatifs de notre activité ou des gens qui travaillent avec nous, nous tournons le regard sur nous-mêmes. Par exemple, nous pouvons nous croire incapables de faire le travail pour lequel nous avons été formés ou avoir l'impression de faire semblant, sans y croire vraiment. Il est même possible que ces pensées soient justifiées. Cependant, si notre situation génère une forte réaction émotionnelle – frustration, colère ou cynisme –, cela indique clairement que nous devons cesser d'incriminer les circonstances extérieures et commencer à nous centrer sur ce que nous avons « ajouté » à notre travail. Quelles sont nos attentes et nos exigences ? À quel point sommes-nous attachés aux résultats de nos actions ? À quel point croyons-nous pouvoir maîtriser ces résultats, améliorer les situations, changer les gens ? Nous voir comme celui ou celle qui fait avancer les choses ou nous attacher aux résultats de ce que nous avons entrepris ne pourra que mener à la frustration et aux déboires du burn-out, parce que nous ne pouvons tout simplement pas décider de la façon dont les choses vont tourner.

Pendant tout ce temps, nous passons à côté de la véritable question. L'attachement aux résultats est presque toujours fondé sur le besoin d'améliorer une certaine image de soi ou d'éviter la peur de l'échec ou la peur de n'être personne. Tôt ou tard, nous devrons faire face à l'impression que le sol se dérobe sous nos pieds quand notre faux sentiment de sécurité sera menacé ou disparaîtra. Tôt ou tard, nous devrons aller à la racine de nos peurs et de nos croyances qui nous disent, d'une manière ou d'une autre, que nous ne sommes pas vraiment à la hauteur et que nous ne le serons jamais.

Pratiquer avec le burn-out signifie que nous devons apprendre à faire face à nos motivations, à nos attentes, à nos projections – à tous les systèmes de croyances fondamentales qui régissent notre vie. Cela implique de prendre conscience de toutes les représentations et identités qui nous limitent et d'apprendre à voir et à ressentir pleinement les peurs qui nous ont dominés jusque-là. Mais cette tâche ne doit pas être forcément lugubre ou déprimante. Dans le vaste espace ouvert par la pratique spirituelle, nous pouvons avoir une expérience directe de ces peurs avec un sentiment croissant de légèreté et d'ouverture. Nous pouvons découvrir que l'épuisement au travail, comme toutes nos souffrances, n'est pas une fatalité. Du point de vue de la pratique, un burn-out peut s'avérer très enrichissant.

Cela ne veut pas dire que nous fabriquons nous-mêmes les difficultés que nous rencontrons au travail. Nous devons certes répondre à certains défis, mais nos réactions émotionnelles à ces défis nous appartiennent. De plus, quand nous restons bloqués dans nos réactions, nous sommes moins capables de faire face avec précision aux véritables défis que nous lance notre travail. Tant que nous sommes attachés à obtenir certains résultats ou à vouloir être perçus d'une certaine manière, cet attachement nous empêche de nous impliquer sans réserve dans nos activés. Il nous empêche également de ressentir la satisfaction du travail accompli. Plus nous pourrons conjuguer pratique et travail, en prenant ainsi conscience de nos exigences et de nos attentes, plus nous serons en mesure de vivre de manière authentique, libérés des obsessions engendrées par le manque d'attention à nous-mêmes et à nos peurs.

III

Éveiller le cœur de compassion

13

Le dur et le doux

L'histoire du moine zen qui se coupe un bras pour prouver sa détermination à pratiquer et l'image du sourire délicat du Bouddha illustrent la subtile interaction à l'œuvre dans la pratique spirituelle. D'un côté, nous disciplinons nos efforts ; de l'autre, nous laissons les choses suivre leur cours. Cette distinction est souvent source de confusion. Or, comme nous avons tendance à penser en noir ou blanc, nous nous imaginons que la pratique doit aller dans un sens ou dans l'autre : soit nous voyons combien la discipline est importante et nous faisons de gros efforts ; soit nous comprenons qu'il est nécessaire de ne pas nous saisir des choses, de ne pas essayer d'obtenir quoi que ce soit de spécial, et nous adoucissons alors notre approche en laissant les choses être telles qu'elles sont.

Par exemple, l'essence de la méditation assise consiste à être simplement posé là et à porter toute notre attention à l'instant présent. Mais ce qui se produit en réalité, c'est un flot incessant de pensées :

nous projetons, nous imaginons, nous dialoguons, nous nous inquiétons, etc. Pour ne pas être piégés par chacune des pensées qui nous traversent l'esprit, nous apprenons à nous discipliner en ramenant l'attention, encore et encore, d'instant en instant, à la conscience de la respiration, du corps et de l'environnement. Nous apprenons aussi la discipline qui consiste à étiqueter nos pensées avec précision, de façon à savoir clairement à quoi nous pensons. Par la même occasion, cette technique nous permet de cesser de nous identifier à nos pensées comme nous le faisons habituellement. Tandis que nous prenons conscience de nos pensées avec de plus en plus de clarté, nous voyons qu'elles ne sont effectivement rien d'autre que le fruit de notre cerveau conditionné et nous croyons de moins en moins à la vérité de ce qu'elles racontent.

La discipline – ou « effort dur » – est également nécessaire pour persévérer dans la pratique quand nous sommes confrontés aux inévitables montagnes russes de la vie. Nous avons le choix à tout instant : vivre la pratique ou suivre un chemin qui nous semble plus facile et plus sûr. Avec la pratique, nous apprenons la valeur de l'effort à faire pour nous détourner de la facilité ou du caractère apparemment prévisible des choses, alors même que nous préférerions de beaucoup abandonner cette quête désespérée de l'Éveil.

La discipline est tellement importante que l'on peut facilement s'imaginer qu'il s'agit d'une entreprise stoïque, voire extrême. Parfois nous nous attachons à la pensée que, sans la discipline, nous nous écroulerions ; nous pourrions même y perdre notre identité de personne sérieuse et spirituelle. Alors nous continuons à nous battre contre notre penchant pour la facilité, qui risquerait de saper notre pratique. Cependant, en nous forçant trop, nous tombons dans un schéma d'autojugement incessant, nous croyons à des pensées qui stipulent comment la pratique devrait être, comment *nous* devrions être.

Peut-être avons-nous alors une vision plus claire de la façon dont nous nous comportons et cherchons-nous à adopter la position extrême opposée. Nous nous souvenons de l'enseignement qui dit que les choses sont très bien telles qu'elles sont, que tout passe et qu'il n'y a rien à faire, nulle part où aller, aucun rôle à jouer. Nous lâchons alors la discipline et essayons de nous détendre dans ce qui est. Nous essayons de laisser les choses être simplement telles qu'elles sont. Mais cette approche dans la douceur nous entraîne aussi loin du but que l'effort exagéré. Ce n'est pas parce que les choses sont bien telles qu'elles sont que nous les *ressentons* ainsi. Le prétendre revient à masquer la réalité, à refuser de voir combien il est nécessaire de faire des efforts pour mettre un peu de clarté dans le chaos de notre vie. Faire alterner le dur et le doux est l'essence même de la pratique. Si nous n'apprenons pas à tisser les deux ensemble, nous limitons notre pratique au point qu'elle n'est jamais ni complète ni satisfaisante car nous restreignons le flux de notre être naturel à une seule source.

L'interaction entre le dur et le doux est difficile à expliquer. Il faut en avoir une expérience directe pour bien la comprendre. Cela revient finalement à savoir que, au cœur même de la discipline (le choix d'être présent à chaque instant), nous pouvons, chaque fois que l'esprit s'évade, déployer de l'espace, de la compassion et de la gentillesse envers notre lutte intérieure, notamment dans des zones d'ombre que nous préférons éviter, comme la confusion, l'angoisse ou le découragement. Au lieu d'être prisonniers du regard en tunnel, sombre et étroit, que nous portons sur nous-mêmes, avec tout le poids et la lourdeur que cela implique, nous apprenons à voir notre « fatras » personnel comme un simple conditionnement fait de vieilles blessures et de convictions aussi profondes qu'erronées.

Quand nous voyons que l'esprit a recommencé à vagabonder, nous réagissons habituellement en ajoutant jugements et condamnations : « C'est trop difficile », « Je n'y arriverai jamais », « Je suis trop nul ». Ces jugements ne font que renforcer la carapace qui endurcit notre cœur. Déployer de l'espace autour du cœur nous permet de mettre fin à l'approche « dure », à cette lutte contre nous-mêmes où nous repoussons la confusion en la qualifiant de négative ou d'illusoire. Nous adoucir permet de faire émerger notre compassion et notre bonté naturelles, et celles-ci, à leur tour, nous permettent de rester présents à ce qui est, quoi qu'il advienne. Cela ne signifie pas que nous aimons ce qui nous arrive, mais nous pouvons accueillir les choses différemment.

Notre mélodrame, notre douleur et notre souffrance nous semblent parfois aussi terribles que la mort. Mais la pratique spirituelle nous apprend, entre autres choses, que ce poids qui nous pèse tant n'est en réalité qu'une combinaison de pensées auxquelles nous croyons très fort et de sensations physiques intenses. Comprendre cela *en le ressentant dans notre corps* nous donne l'espace voulu pour accorder de la place à notre douleur, aussi désagréable soit-elle. Bien sûr, il nous faudra encore travailler avec elle. Nous ne pouvons pas nous contenter de lui coller l'étiquette « vide » et prétendre la lâcher ; ce ne serait pas authentique. Par contre, nous pouvons apprendre à l'aborder avec une certaine légèreté de cœur. C'est ainsi que notre *volonté* se transformera et s'adoucira ; ego, lutte et combat feront place à l'acceptation, à l'ouverture et à la *bonne volonté*.

Prenons l'exemple de la douleur qui peut survenir quand nous méditons en position assise. Quel type d'effort devons-nous fournir pour travailler avec la douleur physique quand nous avons mal aux chevilles, aux genoux, au dos ou même partout ? Peut-être est-il parfois nécessaire de serrer les dents et de faire un « effort dur » pour tenir. Mais, peu à peu, nous pouvons aussi apprendre ce qu'est « l'effort doux » : être simplement présent au corps et ne plus s'identifier uniquement à un corps ou à une douleur. Quand on utilise l'effort dur – discipline et précision – pour cesser de croire aux pensées qui disent : « C'est trop douloureux » et « Je n'en peux plus », nos identifications égocentriques dépourvues d'humour s'allègent un peu. Cela ne veut pas dire que nous aimons la douleur, mais simplement que nous cessons de lutter contre elle et contre nous-mêmes. Nous découvrons alors que nous sommes même capables d'accueillir des sensations désagréables. Lorsque nous mettons en route le processus consistant à voir au-delà des pensées auxquelles nous avions l'habitude de croire, nous libérons une réceptivité à ce qui est. Voilà ce qu'est l'effort doux.

Le processus d'interaction entre l'effort dur et l'effort doux est particulièrement important quand il s'agit de travailler avec les dépendances. Bien entendu, dans ce cas, la personne doit commencer par prendre conscience de son comportement et voir à quel point elle est dominée par sa dépendance. Le principal effort, à ce stade, consiste à appliquer clarté et précision à la prise de conscience de la situation telle qu'elle est réellement. C'est là que discipline et auto-observation sont cruciales. Autrement, comment pourrions-nous voir les aspects de nous-mêmes que nous préférons ignorer ou nier ? Tant que nous refusons d'accepter que nous sommes dépendants, nous ne pouvons pas travailler sur ce point.

À partir du moment où nous voyons clairement ce qui se passe, la deuxième étape du travail consiste à essayer de ne plus nous laisser dominer par nos addictions. Ce type de discipline est ce que nous appelons « l'effort dur », mais l'effort doux sera également nécessaire pour éviter de s'égarer dans le regard en tunnel de l'autodénigrement. Quand nous luttons contre une addiction, nous croyons presque toujours qu'elle est répréhensible ou que nous sommes mauvais parce que nous sommes dépendants. Le poids et l'ombre qui se greffent sur la situation rendent encore plus difficiles nos tentatives de nous libérer du comportement addictif. Pour que la discipline fonctionne, nous devons adoucir la sévérité de l'autojugement.

La troisième étape du travail sur la dépendance consiste à ressentir pleinement les besoins qui sont à l'origine du comportement dépendant. Pour cela, il faudra faire appel à l'effort dur, concentrer l'esprit sur la question : « Mais qu'est-ce que c'est ? », et porter le faisceau lumineux de l'attention sur la réalité physique de l'instant. Dès que l'on ressent le besoin impérieux de la dépendance, on peut faire intervenir l'effort plus doux et laisser les choses être, tout simplement. Il est parfois très bénéfique de ressentir le besoin de la drogue tandis que nous inspirons car, ressentir quelque chose de douloureux à ce moment-là, permet d'y apporter de la douceur, de la détente.

La dernière étape de ce travail consiste à prendre pleinement conscience de la douleur qui se cachait derrière l'addiction. Cela implique de faire un nouvel effort dur avec la question « Qu'est-ce que c'est ? », mais aussi un effort plus doux en laissant simplement les sentiments être ce qu'ils sont, sans se laisser piéger par l'autodénigrement. À ce stade, il est très important de pouvoir apporter espace et gentillesse à la pratique. Sinon, nous risquons de mener indéfiniment cette lutte contre nous-mêmes, lutte où il est si facile de sombrer dans des pensées de honte, de haine de soi et de désespoir. En nous souvenant d'apporter une touche de légèreté et de délicatesse à cette lutte, nous sommes à même d'équilibrer nos efforts pour qu'il devienne possible de travailler sur nos schémas de fonctionnement les plus enracinés. Dans les pires moments, tout ce que nous avons à faire, c'est respirer plusieurs fois dans l'espace du cœur pour découvrir un espace immense, capable d'inclure aussi bien les peurs qui nous semblent les plus tenaces que les jugements les plus féroces que nous portons sur nous-mêmes. Bien entendu, nous devons pratiquer chacune de ces étapes encore et encore.

Voici un autre exemple d'effort doux : chaque fois que mon problème de système immunitaire se réveille, je me sens très faible et nauséeux. Même si c'est relativement supportable la plupart du temps, il m'arrive d'être tellement surpris par l'intensité et la rapidité de la crise que ma première réaction, malgré des années de pratique avec ce problème, est de vouloir qu'elle disparaisse. Une nuit, lors d'une attaque particulièrement virulente, alors que j'étais au lit assailli par une nausée qui ne me laissait pas de répit, j'ai pris conscience que je considérais les symptômes presque comme des ennemis personnels. J'ai alors étiqueté ces pensées fondées sur la peur, ce qui m'a permis de voir ce qu'elles étaient, et un déclic s'est produit : j'ai compris toute l'étendue de mon erreur d'interprétation. Je peux toujours essayer de repousser ce que je ressens, il n'en demeure pas moins que ce qui m'arrive en cet instant est ma véritable vie. Que je l'aime ou non, que je le veuille ou non, cette vie est ce qu'elle est. L'accueillir au lieu de la repousser est la clé de la liberté.

Comprendre cela m'a permis de ressentir, une fois de plus, ce que signifie s'adoucir dans la lutte, cesser de résister à ce qui est. Ainsi, j'ai pu accepter de suivre ma route. Que le voyage me plaise ou non, j'étais prêt à l'entreprendre pour voir à quoi il ressemblait et où il me conduisait, sans m'encombrer de bagages comme l'apitoiement sur moi-même et la peur. L'apitoiement, la peur, les lamentations et tous les jugements sont les véritables obstacles à la douceur et à l'ouverture à ce qui est.

Telle est la progression naturelle sur la voie de la pratique. Nous avons besoin de discipline pour découvrir le pouvoir des jugements et des images mentales que nous entretenons, et il faut déployer un effort dur pour rester présents à l'inconfort physique que ces pensées engendrent. Mais nous avons aussi besoin de comprendre l'essence de la douceur de l'effort : respirer au centre de la poitrine, demeurer dans le frémissement de l'être, puis offrir de l'espace et de la compassion à nos schémas habituels de lutte. Adoucir des croyances négatives que nous avons sur nous-mêmes, c'est vraiment comprendre que ces idées ne sont pas fondamentalement vraies. Tandis que nous apprenons à appliquer cet effort doux sur l'esprit qui nous juge impitoyablement, tandis que nous apprenons ce que signifie éveiller le cœur, nous commençons à créer une nouvelle relation, plus spacieuse, avec la vieille blessure de notre apparente séparation des autres. Ce que nous faisons, c'est apprendre à accueillir et à accepter l'ensemble de notre être tel qu'il est, sans plus juger, sélectionner ni rejeter.

Grâce à la précision disciplinée de nos efforts, nous allons nous retrouver de plus en plus souvent proches de nos limites, ces endroits douloureux qui entravaient jusqu'alors notre progression. La bonne volonté, la douceur et l'acceptation de ce qui est nous aident à découvrir que nous pouvons, pas à pas, dépasser ces limites. C'est seulement grâce à cette interaction du dur et du doux, de l'effort et du lâcher-prise, de la volonté et de la bonne volonté que nous constatons, à notre grande surprise, que nous pouvons émerger du tunnel de peur qui a limité notre vie en créant une vie de substitution au cœur de la réalité fondamentale de notre vie authentique.

14

Laisser être

La force de notre conditionnement culturel m'a été clairement révélée tout récemment, quand on m'a posé une devinette. C'est l'histoire d'un homme et de son fils qui ont un accident de voiture. L'homme meurt et son fils est conduit à l'hôpital. En entrant dans la salle d'opération, le chirurgien déclare: «Je ne peux pas opérer ce garçon: c'est mon fils.» Qui est le chirurgien?

Au début, j'ai pensé qu'il s'agissait d'un *koan* zen; je n'avais aucune idée de ce qu'il fallait répondre. Mais la réponse était simple: le chirurgien était la mère de l'enfant. Cette réponse tellement évidente ne m'était même pas venue à l'esprit! Bien que je n'aie pas conscience d'avoir des préjugés contre les femmes, la force du conditionnement culturel était évidente, puisque j'ai aussitôt supposé que le chirurgien était un homme. Cela m'a montré à quel point nombre de nos actions sont fondées sur des perceptions conditionnées par notre culture, dont nous ne sommes parfois pas du tout conscients. Quelle est la part de nos actes qui résulte de ce conditionnement souvent inconscient ?

Dans une vie de pratique, il y a une attitude culturelle qui peut créer plus de problèmes que les autres : la conviction profondément ancrée qu'il est indispensable de *faire* quelque chose. Nous sommes culturellement conditionnés à croire qu'il est bon d'être actif, d'être productif. Nous avons été programmés pour supposer que la voie du bonheur consiste à suivre notre tendance à nous transformer, à nous remettre d'aplomb. Le sentiment que nous pouvons *faire* quelque chose pour améliorer notre situation est un aspect profondément enraciné de notre « vie de substitution ».

Quoi que nous ressentions au moment où nous nous installons pour méditer, l'objet essentiel de la pratique de la méditation est simplement de « s'asseoir et laisser être ». Nous nous asseyons, nous prenons conscience de ce qui se passe dans notre corps et dans notre esprit à ce moment-là, nous en ressentons la « texture », et puis nous laissons les choses être.

Pour nous aider dans la méditation, nous pouvons utiliser la question suivante : « Que se passe-t-il en ce moment ? » Cela nous permet de prendre pleinement conscience de l'état de notre esprit, de l'état de notre corps et de l'impact de l'environnement sur nos sens. Pour en faire l'expérience directe, posez-vous cette question maintenant : « Que se passe-t-il à cet instant précis ? » Prenez conscience de votre état d'esprit : est-il actif ? troublé ? calme ? contrarié ? Prenez-en simplement conscience. Observez aussi l'état de votre corps : est-il fatigué ? détendu ? douloureux ? posé ? À nouveau, contentez-vous d'en être conscient. Et maintenant, ressentez l'impact du lieu où vous vous trouvez : la température, l'ombre et la lumière, les sons. Vous n'avez rien à faire, simplement en être conscient.

Tandis que nous devenons conscients de la texture différente de chaque instant, nous sommes rarement prêts à la ressentir telle qu'elle est. Si nous avons tendance à voir un aspect ou un autre comme un problème à résoudre ou un obstacle à dépasser, c'est parce que nous croyons en la vérité de nos jugements et de nos opinions sur tout. Par exemple, si nous ressentons de l'ennui ou de la torpeur pendant la méditation, nous en concluons généralement que cette méditation est stérile ; si nous nous sentons agités ou contrariés, nous pensons que nous devons nous calmer ; quand nous sommes dans la confusion, nous aspirons à y voir clair. Mais notre pratique consiste simplement à nous souvenir que, quoi qu'il puisse advenir, il ne faut pas nécessairement y voir un obstacle ou un ennemi, pas plus qu'un problème à résoudre, à transformer ou à éliminer. Du point de vue de la pratique, tout ce qui se présente fait partie de notre chemin.

Nous n'avons qu'une chose à faire, c'est poser la question : « Qu'est-ce que c'est ? » La réponse ne se trouvera pas au niveau d'une analyse intellectuelle mais toujours dans le ressenti physique de l'instant. Aucun mot ne pourra jamais capter l'essence de l'expérience viscérale de l'instant. Pourtant, quand nous ressentons de manière non-conceptuelle sa texture unique et sans cesse changeante, nous goûtons une satisfaction qui n'existe pas dans une vie fondée sur le besoin d'obtenir, de faire ou de « réparer » ce qui est.

La pratique consiste donc simplement à laisser la vie être. Ce n'est pas de la passivité ni du pseudo-détachement. Nous avons, malgré tout, besoin de discipline pour rester présents et demeurer immobiles. La discipline, c'est choisir à chaque instant de ne pas s'emporter, choisir d'être précis dans notre auto-observation et dans les mots que nous posons dessus. Nous pouvons pratiquer de cette façon aussi bien sur le coussin de méditation qu'ailleurs. Cet esprit ouvert, prêt à regarder tout ce qui se présente, qui veut seulement être conscient, être avec ce qui est, habiter la réalité de l'instant, nous est toujours accessible.

Se battre comme nous le faisons pour changer une chose ou nous en débarrasser – en méditation ou dans la vie – n'est pas obligatoire. Souffrir n'est pas non plus obligatoire. C'est peut-être difficile à accepter, surtout quand nous sommes devenus dépendants à la souffrance comme à une drogue. Mais nous ne sommes pas obligés de souffrir de notre souffrance ! Nous pouvons nous limiter à l'observer, la ressentir pour ce qu'elle est et la laisser être.

Imaginez par exemple que vous souffriez d'une douleur ou d'un inconfort physique. Généralement, cette douleur sera suivie de pensées comme : « Que va-t-il m'arriver ? », ou « Je n'arrive pas à croire que ça m'arrive ». Dès que nous mordons à l'hameçon, dès que nous croyons que ces pensées disent vrai, notre souffrance commence. À l'expérience physique du malaise s'ajoute une couche de souffrance émotionnelle. En fait, la plupart du temps, ces pensées auxquelles nous croyons intensifient et solidifient notre malaise physique. Au lieu de cela, nous pouvons choisir d'observer nos pensées, de mettre des mots dessus, puis de laisser notre ressenti être simplement ce qu'il est. Qu'arrive-t-il alors à la douleur ? Peut-être pourrez-vous en faire l'expérience et voir par vous-même.

Il y a quelques années, souffrant d'une longue et douloureuse maladie, j'ai dû faire un examen sanguin toutes les semaines. À cause d'un conditionnement datant de ma jeunesse, j'éprouvais une forte aversion pour les prises de sang. Il m'arrivait d'avoir des vertiges, parfois même de perdre connaissance. Cette aversion n'était pas liée à la peur de la douleur, c'était juste une conséquence de mon conditionnement. Le fait d'en être conscient n'y changeait rien ; je continuais à aller faire mes prises de sang avec beaucoup d'appréhension. Pour essayer d'améliorer les choses, j'essayais toutes les techniques apprises avec le Zen. Par exemple, pendant le test, je me concentrais complètement sur ma respiration – mais je m'évanouissais quand même ! Ou bien je récitais de courts mantras sur l'immensité de l'espace ou sur le fait d'être assis avec la stabilité d'une montagne, mais cela ne faisait aucune différence. En fait, pratiquer ainsi pour contrecarrer ce que je percevais en moi comme de la faiblesse aggravait peut-être les choses. En me jugeant faible, je donnais encore plus de force à ma réaction conditionnée.

Mais un jour, tandis que je me dirigeais vers le laboratoire d'analyses, je me suis souvenu d'une pratique que je venais d'apprendre : demander « Qu'est-ce que c'est ? » à propos de tout ce qui peut se présenter. Dès l'instant où je me suis assis sur la chaise pour la prise de sang, j'ai gardé cette question activement présente en moi, bien décidé à ressentir la texture de l'instant. Quand l'étourdissement a commencé, au lieu de l'angoisse et de la peur liées à l'aversion, j'ai ressenti l'aiguillon de la curiosité : j'allais enfin découvrir ce que l'on ressent vraiment quand on s'évanouit ! Mais je ne me suis pas évanoui. L'étourdissement est passé et je suis resté assis là, très détendu. Quand j'ai cessé de lutter, non seulement la souffrance inutile a disparu mais l'expérience physique s'est transformée. N'oublions pas que je n'avais pas fait cette expérience pour éviter le désagrément d'un évanouissement – ce qui est la façon dont nous faussons souvent la pratique et ce que j'avais moi-même fait jusque-là. Ce jour-là, j'avais accepté d'être simplement présent à mon ressenti, ce qui m'avait permis de déconnecter les circuits de mon conditionnement.

Je ne dis pas que nous devrions considérer notre conditionnement comme une illusion creuse et prétendre de le lâcher. Ce ne serait pas la réalité. Je parle seulement d'une certaine légèreté de cœur que nous pouvons apporter à notre vécu. Sans essayer de nous ouvrir, l'ouverture se fait. Elle se fait quand nous cessons de croire à nos jugements, en particulier à ceux que nous portons sur nous-mêmes avec sévérité. Quand, avec le temps, nous cessons de résister à ce qui est et que nous apprenons à l'accueillir volontiers, nous pouvons même finir par trouver du plaisir à observer nos schémas de comportement répétitifs, notre petit drame humain, tout ce spectacle qui se déroule et passe.

Quand nous sommes angoissés, la pratique consiste à écouter nos pensées, ressentir l'angoisse et puis à la laisser être. Quand nous sommes fatigués ou endormis, la pratique consiste à ressentir physiquement le sommeil, puis à le laisser être. Quand nous sentons que nous résistons à l'instant présent, la pratique consiste à vraiment ressentir la texture de cette résistance, puis à simplement la laisser être.

Vivre le cœur ouvert ne veut pas dire que nous devons nous débarrasser de nos peurs, de nos sentiments et de nos traits de personnalité non désirés, de nos situations difficiles. La seule chose que nous devons abandonner, ce sont nos opinions et les jugements que nous portons sur nous-mêmes. Tout le reste s'enchaîne à partir de là, en particulier le courage d'être ce que nous sommes, peu importe comment. Mais attention : être ce que l'on est ne signifie pas s'autoriser à faire tout ce qui nous plaît sous prétexte de « liberté spirituelle ». Il s'agit plutôt d'être prêts à accueillir et à ressentir pleinement en nous tout ce qui se présente, sans avoir *le besoin irrépressible* de le changer. Quand nous considérons nos drames et nos difficultés non comme des catastrophes mais comme le fruit de notre conditionnement, nous pouvons les aborder avec moins de lourdeur et plus de compassion. Si nous vivons notre « drame » au cœur d'un océan de conscience, nous pouvons commencer à nous détendre dans notre pratique de la méditation et dans la vie.

Peut-être même aurons-nous un aperçu de cette vérité aussi simple que profonde : tout ce que nous avons vraiment besoin d'apprendre, c'est accepter d'« être ». Nous n'avons pas à faire, à réparer, à changer quoi que ce soit. En fait, tandis que nous acceptons plus profondément de simplement « être », nous découvrons une confiance innée qui semble nous soutenir tels que nous sommes. Dans notre abandon à l'instant, nous faisons l'expérience de la sérénité d'une vie authentique, libre du filtre de nos jugements ou du besoin que les choses soient différentes.

Cet abandon à l'instant est l'essence même d'une vie de pratique. Bien que ce soit très simple, c'est également difficile à maintenir en continu. Pourquoi ? Parce que nous ne le voulons pas. Nous ne voulons pas être avec la vie telle qu'elle est. Nous voulons croire en ce que nous affirment nos pensées. Mais une vie de pratique doit permettre de voir et de travailler avec ces résistances et toutes les choses qui font obstacle à notre ouverture. Alors, nous apprenons à revenir en arrière, à simplement être présents, du mieux que nous pouvons, à ce qu'est la vie pour nous, en cet instant.

15

La bienveillance

Environ un an après mes débuts de bénévole en soins palliatifs, on m'a demandé de veiller un homme de trente ans qui venait de mourir. Il avait insisté pour que personne ne touche à son corps pendant les trois jours qui suivraient sa mort. Il avait des croyances particulières sur ce qui se passe après la mort et souhaitait être entouré de personnes qui accepteraient de rester à ses côtés pendant ce temps. Bien que ne le connaissant pas, j'ai accepté de rester auprès de lui pendant trois heures le lendemain de sa mort. En ouvrant la porte de sa chambre, j'ai vu un cadavre décharné sur le lit et m'en suis détourné aussitôt. Ce jeune homme était mort du SIDA et, à la vue de son corps qui n'avait plus que la peau sur les os, j'ai ressenti la peur de la mort. J'ai passé les minutes suivantes à me distraire de cette peur en allumant de l'encens, en regardant les nombreuses photos de lui accrochées au mur… n'importe quoi plutôt que le regarder tel qu'il était en cet instant. Puis je me suis souvenu que je n'étais pas là pour me sentir bien mais pour honorer le souhait de cet homme d'être veillé pendant trois jours. Je suis allé jusqu'à son lit, je suis resté debout à côté et j'ai regardé son corps. Il m'était encore difficile de poser le regard sur lui mais je savais que mon malaise reflétait directement ma propre peur de mourir dans la douleur.

Je me suis assis sur le lit près du sien et, pendant les trois heures qui ont suivi, je suis resté jambes croisées à faire une méditation de bienveillance pour son corps. Je ne voudrais pas idéaliser cet épisode parce qu'il y a eu des moments où je partais dans des rêveries ou bien je regardais ce corps près de moi et n'y voyais que le cadavre d'un homme que je ne connaissais pas. Cependant, au fil des heures, j'ai cessé de ne voir qu'un cadavre décharné pour commencer à me relier à cet être humain.

En inspirant je posais son image dans l'espace de mon cœur, et en expirant je lui récitais en silence les paroles d'une méditation de bienveillance :

Puisses-tu demeurer dans le cœur ouvert,
Puisses-tu guérir de ta souffrance.
Puisses-tu être éveillé à cet instant tel qu'il est.
Puisse le cœur éveillé s'ouvrir à tous les êtres.

Au début, ce n'étaient que des mots. Il n'y avait en moi aucune bienveillance à partager avec lui. En fait, je ne ressentais que malaise et peur. Mais dans la pratique de la bienveillance, on ne nous demande pas d'essayer de ressentir quelque chose de spécial. Il s'agit simplement d'être conscient de ce qui se présente, de tout ce qui peut faire obstacle à notre bonté naturelle. Je suis donc resté avec mon malaise et j'ai ressenti la réalité physique de ma douleur émotionnelle tandis que je répétais silencieusement ces paroles de bienveillance. En respirant dans l'espace du cœur, j'ai inspiré ma propre douleur en même temps que l'image de l'étranger près de moi. Peu à peu, les barrières qui nous séparaient, ces barrières créées par ma peur et par mes défenses, ont commencé à tomber.

Quand les barrières sont tombées, je n'ai plus ressenti la douleur de l'homme (telle que je la percevais) comme séparée de la mienne. En fait, ce que j'ai ressenti ressemblait davantage à la douleur universelle que partagent tous les êtres humains. Tandis que je répétais les paroles de bienveillance, un sentiment de profonde unité a remplacé ma peur et mon malaise : ce n'était plus le corps d'un étranger qui était allongé sur le lit voisin. À plusieurs reprises, les barrières apparentes entre nous sont tombées et j'ai eu le sentiment qu'il existait un cœur universel, un cœur qui est l'essence de ce que nous sommes, au-delà de toute séparation.

Quand j'avais une vingtaine d'années, je suis tombé par hasard sur ces lignes de Thomas Wolfe : « Lequel d'entre nous a connu son frère ?... Lequel d'entre nous n'est pas, à jamais, étranger et seul ? » À l'époque, ces mots m'ont touché profondément mais je ne savais pas comment sortir de ma prison. Trente ans plus tard, je comprends ce qu'il faut faire pour cela. On ne pratique pas la méditation de la bienveillance envers un inconnu décédé dans le simple but de se sentir bien ; c'est une tâche ardue. Il faut d'abord s'ouvrir à un territoire inconnu, au-delà des habitudes et des protections. Ensuite, il faut oser aller au-delà des peurs et des jugements qui empêchent la véritable bienveillance de jaillir spontanément. Le problème, c'est que la plupart des gens ne sont pas prêts à se défaire de leurs habitudes et de leurs protections.

Malheureusement, la pratique de la bienveillance est souvent présentée de telle manière qu'elle ne nous donne pas l'occasion de nous confronter à nos peurs et aux jugements que nous portons sur nous-mêmes. Il est facile de détourner cette pratique en s'efforçant de générer un sentiment de bienveillance qui nous donne un air plus « aimant » mais dissimule des plaies encore ouvertes. Que signifie donc s'éveiller à la bienveillance ?

Nous pourrions définir la bienveillance comme un sentiment de bonne volonté, une gentillesse consciente, souvent accompagnée de chaleur et de réceptivité. Cette ouverture, cette acceptation, affaiblit la tendance de l'esprit à juger constamment. Étrangement, le fait de respirer dans l'espace du cœur, déstabilise la solidité de nos jugements incessants et nous permet d'accéder à cette capacité d'ouverture grâce à laquelle nous pouvons nous autoriser, autoriser les autres et autoriser la vie à simplement « être ».

La pratique de la bienveillance est décrite en détail au chapitre suivant : sur l'inspiration, nous apportons la conscience, par le souffle, au centre de la poitrine ; ensuite, sur l'expiration, nous étendons la conscience depuis l'espace du cœur jusqu'à nous-mêmes ou aux autres. Cependant, il est important de se rappeler qu'en pratiquant ainsi nous n'essayons pas de ressentir quelque chose de spécial, de nous sentir pleins d'amour ou de gentillesse. Nous sommes simplement attentifs à ce que nous ressentons dans l'instant, ce qui inclut une attention à tout ce qui peut empêcher notre bienveillance naturelle de jaillir du cœur. Dans son sens le plus profond, le cœur de la bienveillance est ce que nous sommes ; c'est la nature de notre être. En faire souvent l'expérience signifie tout d'abord prendre conscience de tous les obstacles, en particulier de notre comportement peu amical, de nos pensées peu charitables et de nos jugements sur nous-mêmes et les autres. Il peut arriver que nous ressentions effectivement de la bienveillance tandis que nous respirons dans l'espace du cœur, mais il peut arriver tout aussi souvent que nous y trouvions la colère et la peur qui se cachent souvent derrière notre manque de gentillesse. Prendre conscience de cette colère et de cette peur, puis les ressentir pleinement, permettra à notre gentillesse naturelle de recommencer à se répandre peu à peu.

Nous pouvons aussi accéder directement à la bienveillance et la développer. *Le Récit d'un pèlerin russe* relate l'histoire d'un simple pèlerin qui traversa les plaines de la Russie au XIXe siècle. Il avait pour seuls bagages, pour soutenir son corps et sa pratique, du pain sec et deux livres : la Bible et un ancien texte chrétien orthodoxe, *La Petite Philocalie*. Animé par un authentique désir de Dieu, son but était d'apprendre à prier sans arrêt.

Même s'il y a peu de chances pour que nous devenions pèlerins au sens littéral du terme, l'expression « prier sans arrêt » reflète une grande vérité. Cette vérité est précisément ce qui rend une authentique pratique de bienveillance aussi puissante. La vraie prière est un total abandon à l'instant, quel que soit cet instant – pas comme la prière d'un enfant qui demande que ses souhaits soient réalisés. La vraie prière est une profonde ouverture à la vie même, une profonde écoute, le désir de simplement être présent à l'instant. Dans son essence, elle ne diffère donc pas de la pratique de l'ouverture du cœur. Quand nous faisons la méditation de bienveillance, nous ne demandons rien. Ce que nous faisons plutôt, c'est entrer dans le vaste espace du cœur pour accueillir la vie telle qu'elle est.

Le plus grand obstacle à cette forme de prière profonde est précisément ce que vécut le pèlerin russe ; c'est le désir constant de s'évader vers le confort et la sécurité des pensées : nos projets, notre imagination, nos petites histoires et, par-dessus tout, les jugements auxquels nous croyons si fort.

Comment contrer cette tendance très humaine ? Comme le pèlerin russe, nous reportons constamment notre attention sur la respiration, le cœur et les paroles de bienveillance. Ce n'est pas facile. Le pèlerin commença avec trente minutes de prière par jour. Plus tard, son maître lui dit de réciter cette prière deux mille fois par jour. Puis six mille fois, puis douze mille. Après des années de pratique où il investit, de tout son cœur, dévotion et persévérance, la prière devint comme une seconde nature et il put prier sans cesse. Il connut la félicité du cœur débordant et la gratitude envers toute chose. Il comprit le sens des mots : « Le royaume de Dieu est en vous ». Cet exemple peut nous inspirer, nous encourager à apporter plus de détermination à notre pratique ; ainsi, nous pourrons pénétrer plus régulièrement et plus profondément dans la véritable méditation de bienveillance.

Quand nous pratiquons régulièrement la bienveillance, il ne s'agit plus d'un simple exercice de méditation. La bienveillance devient une partie de notre être, notre réponse naturelle à la vie. Nous découvrons que lorsque la peur apparaît, nous pouvons la voir, la ressentir pleinement et apprendre à diriger une conscience sans jugement vers cet être effrayé. Quand la maladie apparaît, au lieu de nous considérer comme dysfonctionnels, au lieu d'analyser le pourquoi et le comment de notre maladie, nous pouvons simplement respirer dans le cœur et ressentir la nature de ce que nous sommes à ce moment-là ; nous envoyons alors de la bienveillance à notre corps physique. Cette pratique nous enseigne que nous pouvons même accueillir les aspects de notre caractère que nous aimons le moins avec une certaine ouverture, chaleur et réceptivité – trois vertus qui constituent l'essence de la bienveillance.

Lorsque nous nous ouvrons à notre « fatras personnel » avec moins de jugements, nous commençons à nous libérer de notre tendance à l'utiliser contre nous pour prouver que nous sommes un cas désespéré. Quand nous cessons de nous juger aussi durement, nous ressentons la tendresse et la chaleur auxquelles nous sommes souvent incapables d'accéder par peur d'être vulnérables ou de nous mentir à nous-mêmes. C'est ainsi que nous éveillons notre aptitude innée à la bienveillance. Éveiller la bienveillance signifie regarder notre fatras, le voir pour ce qu'il est, l'accueillir à bras ouverts, lui faire face sans jugements et, ensuite, avancer vers la véritable guérison, c'est-à-dire faire l'expérience pleine et entière de notre unité naturelle.

16

Méditation de bienveillance

Je considère l'exercice de méditation exposé dans ce chapitre comme l'une des pratiques les plus importantes que j'aie jamais connues. Elle n'a pas pour but de remplacer la méditation assise quotidienne, mais de la compléter. Je la pratique régulièrement, à un autre moment de la journée.

Si vous avez déjà une pratique de bienveillance, il serait bon de l'oublier pendant que vous lisez et essayez de pratiquer cette méditation, de façon à être ouvert à ce que vous pourriez y trouver de bon pour vous.

Cette méditation consiste en stances de quatre lignes répétées plusieurs fois. La première stance s'adresse à vous-même ; la deuxième et les suivantes sont offertes à vos proches ; la dernière est dédiée à tous les êtres.

Première stance : envers vous-même

Respirez profondément deux ou trois fois. Prenez conscience de la respiration et suivez-la au centre de la poitrine. Ressentez l'espace autour du cœur : est-il resserré et fermé, ou bien clair et ouvert ? Est-il chaud, frais, ou bien neutre ? Quoi que vous ressentiez, soyez-en simplement conscient et laissez l'attention s'approfondir toujours davantage à chaque inspiration.

Commencez maintenant à répéter les quatre lignes suivantes, au rythme de votre respiration.

Sur l'inspiration, utilisez le souffle pour porter la conscience au centre de la poitrine. En expirant, dites silencieusement les mots :

Puissé-je demeurer dans le cœur ouvert.

Permettez en même temps à toute la chaleur présente dans la région du cœur de s'étendre à l'ensemble de votre corps, à tout votre être. S'il n'y a pas de chaleur, pas de bienveillance à répandre, faites-en simplement le constat et poursuivez. Répétez cette première ligne sur plusieurs respirations.

Toujours sur l'inspiration, portez votre attention dans la région du cœur puis, en expirant, dites les mots :

Puissé-je être attentif (attentive) à tout ce qui peut obscurcir ce cœur.

Prenez conscience de tous les aspects de vous-même – colère, carapace, autojugements, peurs profondes – qui bloquent l'accès au cœur ouvert. Laissez la chaleur et la bienveillance de la présence consciente gagner ces aspects de vous-même partout où vous pourrez les sentir. Continuez sur plusieurs respirations en vous souvenant que vous n'êtes pas en train d'essayer de vous débarrasser de quoi que ce soit. Vous envoyez simplement la compassion de votre présence consciente à ces zones repliées sur elles-mêmes.

Continuez à respirer dans la région du cœur. Sur l'expiration, dites la troisième ligne :

Puissé-je être éveillé(e) à cet instant tel qu'il est.

En même temps, soyez conscient de tout ce qui est autour de vous et en vous – sons, odeurs, objets visuels, sensations physiques, humeurs, pensées – et permettez-vous de ressentir tout cela en laissant la vie être simplement ce qu'elle est. Restez avec cette conscience largement ouverte pendant plusieurs respirations en continuant à inspirer et à expirer dans l'espace du cœur. Si l'esprit s'évade, revenez doucement à la conscience du souffle et du cœur sans porter de jugement.

Respirez toujours dans l'espace du cœur et, sur l'expiration, dites les mots :

Puisse le cœur éveillé s'ouvrir à tous les êtres.

En même temps, envoyez toute la bienveillance possible à d'autres êtres, y compris à des personnes précises qui pourraient vous venir à l'esprit. Répétez cette quatrième ligne sur plusieurs respirations.

À présent, répétez ces quatre lignes en inspirant et en expirant dans l'espace du cœur :

Puissé-je demeurer dans le cœur ouvert.
Puissé-je être attentif (attentive) à tout ce qui peut obscurcir ce cœur.
Puissé-je être éveillé(e) à cet instant tel qu'il est.
Puisse le cœur éveillé s'ouvrir à tous les êtres.

Répétez encore une fois cette stance de la méditation de bienveillance.

Deuxième stance : envers un être aimé

Portez maintenant à votre conscience une personne proche de vous, pour laquelle vous éprouvez des sentiments chaleureux, à qui vous souhaitez envoyer de la bienveillance. Sur l'inspiration, amenez l'image de la personne, sa présence, dans l'espace du cœur. Sur l'expiration, envoyez de la bienveillance à cette personne en répétant les quatre lignes suivantes. Si vous sentez de la résistance, prenez-en simplement conscience et sentez ce qui fait obstacle.

Puisses-tu demeurer dans le cœur ouvert.
Puisses-tu guérir de ta souffrance.
Puisses-tu être éveillé(e) à cet instant tel qu'il est.
Puisse le cœur éveillé s'ouvrir à tous les êtres.

Autres stances : envers d'autres personnes proches de vous

Évoquez une autre personne pour laquelle vous éprouvez des sentiments d'affection ou d'amitié et répétez les mêmes quatre lignes, sans oublier d'inspirer et d'expirer dans l'espace du cœur en disant les paroles de bienveillance. Évoquez autant de personnes que vous le souhaitez en répétant, pour chacune d'elles, le même processus.

Dernière stance : envers tous les êtres

Pour finir, étendez votre présence consciente à tous les êtres, comme vous le sentez. Portez cette conscience dans l'espace du cœur avec l'inspiration et, sur l'expiration, répétez les quatre lignes suivantes en laissant la bienveillance s'ouvrir à tous les êtres :

Puisse le cœur de tous les êtres s'éveiller.
Puissent tous les êtres guérir de leur souffrance.
Puissent tous les êtres s'éveiller à cet instant tel qu'il est.
Puisse le cœur de tous les êtres s'ouvrir et s'éveiller aux autres.

Après avoir fini les quatre stances, respirez encore simplement dans l'espace du cœur en ressentant l'état et la qualité du cœur. Ressentez simplement ce qui est présent, en approfondissant ce ressenti avec chaque inspiration.

Remarques sur la méditation de bienveillance

Pour découvrir toute la force de cette pratique, il est indispensable de la répéter régulièrement. À l'occasion, il peut aussi être utile de la poursuivre plus longuement – une journée entière, par exemple, lors d'une retraite.

Les mots sont importants, car ils nous aident à concentrer et à diriger notre attention. Comme pour toute autre méditation, notre esprit s'évadera souvent dans des rêveries, des projections et des images mais, en nous en tenant de notre mieux aux paroles, nous aiguiserons au moins notre attention.

Ces quatre lignes correspondent aux quatre étapes fondamentales de la pratique. La première – *Puissé-je demeurer dans le cœur ouvert* – correspond au stade initial de la pratique : l'éveil de l'aspiration. La seconde – *Puissé-je être attentif (attentive) à tout ce qui peut obscurcir ce cœur* – correspond à l'étape longue et difficile où nous devons travailler sur toutes nos protections, nos peurs et nos jugements. La troisième – *Puissé-je être éveillé(e) à cet instant tel qu'il est* – correspond à l'étape où la conscience s'ouvre en grand et où nous acceptons d'être présents à la vie telle qu'elle est. La dernière ligne – *Puisse le cœur éveillé s'ouvrir à tous les êtres* – correspond à l'étape où nous passons d'une vision centrée sur nous-mêmes à une vision davantage centrée sur la vie. Comprendre ainsi les quatre lignes nous permet de les utiliser pour rester reliés à une vision plus vaste de la pratique.

Quand j'ai commencé à faire cette méditation en utilisant les paroles d'une version que j'avais apprise, j'en ai parlé à Joko. Elle m'a demandé si j'essayais de ressentir quelque chose de spécial en pratiquant ainsi. Plus tard, j'ai réalisé qu'effectivement j'essayais de créer un état d'esprit spécial. J'ai donc revu la formulation pour qu'elle s'harmonise avec ma compréhension globale de la pratique – être avec la vie telle qu'elle est plutôt qu'essayer de ressentir quelque chose de spécial. Vous-même pouvez faire des essais, changer les mots pour qu'ils soient en accord avec votre compréhension.

Les pratiquants demandent souvent en quoi ces lignes diffèrent d'une affirmation positive. La réponse se trouve dans l'essence même de la pratique de la bienveillance. Les affirmations positives sont comme des injections mentales que nous utilisons pour changer ou dissimuler nos sentiments. Cette pratique est exactement le contraire : il ne s'agit pas de changer ou de dissimuler nos sentiments mais de ressentir pleinement tout ce qui se présente. De toute façon, la bienveillance n'est pas un sentiment ; c'est l'état naturel de notre être. Ce qui fait que la pratique de la bienveillance est bien plus qu'un exercice mental superficiel, c'est la concentration sur la conscience physique de l'espace du cœur. Nous ressentons toutes les images, toutes les paroles, à travers la conscience de l'inspiration et de l'expiration dans l'espace du cœur. Cette concentration sur la respiration au niveau du cœur amène la méditation de bienveillance au-delà du domaine du mental.

Comment choisir ceux auxquels nous envoyons de la bienveillance ? Certains pratiquants, pour travailler sur leurs sentiments négatifs, choisissent des personnes avec lesquelles ils sont en conflit, mais c'est délicat. En effet, on risque alors d'utiliser la méditation pour se mentir à soi-même, se faire croire qu'on s'est libéré de toute négativité alors qu'en réalité on ne fait que la dissimuler. En général, si j'éprouve des sentiments négatifs forts contre quelqu'un, je travaille sur la question en dehors de la méditation de bienveillance. Je réserve celle-ci aux personnes envers lesquelles j'ai des sentiments positifs à ce moment-là. Mais il est certain que c'est un domaine d'expérimentation qui vaut la peine d'être exploré.

Chaque fois que je fais cette méditation, j'évoque les mêmes personnes. À l'occasion, quand une personne que je connais est malade ou dans la détresse, je l'inclus dans ma pratique. J'ajoute également quelques amis décédés, chacun représentant l'une de mes propres peurs. Par exemple, deux personnes que j'évoque actuellement dans cette pratique sont d'anciens malades que j'ai accompagnés en fin de vie. L'un avait terriblement peur de perdre la maîtrise de la situation ; l'autre craignait beaucoup la douleur physique. Je les introduis dans ma méditation le temps d'une respiration avec les mots : « Puissiez-vous demeurer dans le cœur ouvert », et je leur envoie de la bienveillance, à eux ainsi qu'à leur peur. J'enchaîne avec une respiration tournée vers moi-même et mes peurs similaires. Ce faisant, j'ai appris à apporter du cœur et de l'espace autour de peurs qui, autrefois, me paraissaient insurmontables.

Au début, il peut sembler inconfortable de ressentir l'inspiration et l'expiration dans l'espace du cœur. Il peut aussi sembler étrange de répéter silencieusement des mots de bienveillance. Pourtant le résultat vaut largement la peine de rester présent à votre malaise ou à votre cynisme premier. Je ne connais aucune autre pratique aussi efficace pour briser la dureté de l'esprit qui juge ou aider à nous libérer de notre sentiment chronique d'être séparés des autres. On ne peut ni expliquer ni réfuter la force qui jaillit de l'inspiration et de l'expiration au niveau du cœur. La seule façon de la ressentir est de faire de cette méditation une partie intégrante et régulière de votre vie de pratique.

Ne soyez pas surpris si le doute et la résistance apparaissent quand vous pratiquez. Nous avons tendance à utiliser la pratique comme une armure, si bien que l'ouverture de la méditation de bienveillance peut paraître menaçante. Peut-être aurez-vous aussi l'impression de tricher avec vous-même, le sentiment que cette pratique n'est pas authentique. Pourtant, même si vous croyez à ces jugements conditionnés, cela ne veut pas dire qu'ils soient vrais. Plus vous pourrez maintenir en suspens les jugements de votre esprit, plus vous pourrez vous ouvrir à ce qui a de la valeur.

17

Éveiller le cœur de compassion

Tandis que je me remettais de mon premier accident du système immunitaire, j'ai eu très envie de rester au bord du gouffre. J'avais tellement appris en étant gravement malade que je ne voulais pas retomber dans une vie de routine essentiellement centrée sur la recherche de toujours plus de confort et de sécurité. Après avoir affronté mes peurs liées à la mort, je voulais rester proche de l'éventualité de la mort pour me rappeler de ne plus patiner sur de la glace craquelée. Je savais qu'il serait facile de perdre la connexion profonde avec mon aspiration à l'Éveil.

Mais sur le plan pratique, je n'étais pas sûr de savoir comment rester au bord du gouffre. Dans l'espoir d'y voir plus clair, j'ai suivi un cours sur « la mort et le processus de la mort ». Même si le cours en lui-même ne m'a guère aidé, il en est ressorti quelque chose : l'occasion de devenir bénévole dans l'unité locale de soins palliatifs. J'ai tout de suite su que c'était ce que je voulais faire, mais je me voyais mal aller chez un inconnu sur le point de mourir du cancer, du SIDA ou d'une autre maladie au stade terminal. J'irais en tant que bénévole, mais pour faire quoi ? Qui étais-je pour me retrouver dans cette situation ? Qu'étais-je censé dire ? Comment peut-on alléger la souffrance d'une personne sur le point de mourir ? Malgré mes doutes, j'ai suivi la formation et me suis engagé sur ce qui allait devenir l'une des voies d'apprentissage les plus puissantes que j'aie jamais connues.

Soyez ouvert au changement

Mon premier patient, que j'appellerai Richard (j'ai changé ici le nom de tous les patients et de leur famille), était un homme de cinquante-deux ans atteint d'une tumeur cancéreuse au cerveau. Quand on me l'a confié, j'étais encore mal à l'aise et plein de doutes sur mes capacités, et quelques jours avant la date où je devais commencer à m'occuper de lui, j'ai décidé de le rencontrer pour passer un petit moment avec lui. J'ai prétendu que cette visite non officielle lui permettrait d'être plus à l'aise mais, en réalité, c'était pour me permettre à moi d'être plus à l'aise. C'est sa femme qui a ouvert la porte et m'a conduit auprès de lui. Richard se tenait debout dans un couloir sombre. Après une minute de conversation amicale, il s'est exclamé: « C'est sans espoir ! », puis est allé s'enfermer dans sa chambre. Je me suis tourné alors vers sa femme qui a dit : « Je suis terrifiée », avant d'éclater en sanglots. Elle s'est vite éloignée et, ne sachant que faire, j'ai quitté la maison. J'étais tellement abasourdi par ce qui venait de se passer que je suis resté un moment assis sans bouger dans ma voiture avant de pouvoir démarrer.

En rentrant chez moi, j'ai appelé mon superviseur en soins palliatifs qui a essayé de me rassurer. Pendant les jours qui ont suivi, j'ai beaucoup médité, essayant de m'enraciner dans la réalité de l'instant, mais l'angoisse et les doutes sur moi-même demeuraient. Quand je suis finalement retourné chez Richard, je m'attendais au pire et j'avais toute une série de plans de secours. Sa femme m'a accueilli avec un sourire et m'a emmené voir Richard, qui regardait joyeusement un match de catch à la télévision. Cet accueil m'a déstabilisé presque autant que la première fois. Dans les deux cas, j'étais arrivé avec des attentes – entièrement fondées sur des images mentales – sur « qui être » et « que faire ».

La leçon que j'ai dû apprendre encore et encore, pas seulement d'un patient à l'autre mais d'une visite à l'autre, c'est que je devais être ouvert au changement, à l'inattendu, et perdre l'illusion que je pouvais contrôler ou changer les choses de manière significative. Souvent, les situations changeaient si rapidement que je n'avais pas le temps de formuler une réponse toute faite. Cela signifiait que je devais abandonner le confort de mon identification habituelle à ce que je devais être ou à ce que je devais faire. Si je n'avais pas lâché mon identification au rôle de « celui qui aide» et ma conception du patient comme «celui qu'il faut aider», je n'aurais jamais pu établir de véritable relation avec les personnes que j'accompagnais. La gageure – et en même temps l'occasion d'avancer – consistait à arriver à chaque visite sans attendre de résultat ni sentir le besoin de régler une situation. Je devais simplement faire don de ma présence, de ma gentillesse naturelle d'être humain, même quand il n'y avait apparemment aucune affinité entre le patient et moi. Participer pleinement signifiait être ouvert, sans préjugé, à tout ce qui pouvait se présenter. Au cours d'une visite, Richard m'a parlé du jour où il avait enterré son père. Il a raconté que, tandis qu'il s'agenouillait sur sa tombe, il avait entendu la voix de son père qui disait: «Si tu veux me retrouver au paradis, tu ferais bien de mettre de l'ordre dans ta vie.» Un an plus tôt, quand son père lui avait demandé d'arrêter de boire et de jurer grossièrement, Richard lui avait répondu, furieux: «Vis ta vie et laisse-moi vivre la mienne.» Mais ce jour-là, en entendant la voix de son père sur sa tombe, il a changé complètement de vie. Non seulement il s'est arrêté de boire et de jurer, mais il a aussi commencé à prier tous les jours. Pour la première fois de sa vie, il a éprouvé un sentiment de sérénité. Il n'avait pas envie de mourir, mais il avait désormais confiance en Dieu et envisageait la mort comme une transition positive. L'expérience qu'il avait vécue sur la tombe de son père avait transformé sa vie. Même si, de mon point de vue, il n'irradiait pas une profonde compréhension spirituelle, je ne pouvais nier qu'il semblait envisager sa maladie et l'approche de la mort avec une authentique acceptation. M'attendre à ce que son expérience spirituelle réponde à mes propres critères aurait été tout à fait déplacé et nous aurait aussi empêchés de nouer des liens. Son cœur était authentiquement en harmonie avec ce qu'il comprenait de Dieu et je n'avais rien à dire ou à faire. Je pouvais simplement écouter et ressentir la beauté et la douceur de cet être humain.

Il est devenu clair alors pour moi que souvent, tout ce qu'exige de nous la voie de la compassion, c'est d'abandonner notre besoin de contrôler les situations et de changer les autres pour qu'ils correspondent à notre vision préconçue des choses. Quand nous apprenons à être ouverts à tout ce qui peut se présenter et à offrir tout notre être en retour, nous faisons l'expérience directe de l'unité fondamentale qui est le cœur de la compassion.

Ne retenez pas votre cœur

Marie était une patiente de soixante-neuf ans souffrant d'une maladie du cœur et d'emphysème. Elle passait le plus clair de son temps au lit, branchée à un cathéter et à une réserve d'oxygène. Malgré son état qui se détériorait, elle se montrait chaleureuse et amicale à chacune de mes visites, même s'il était évident que l'angoisse et l'agitation étaient sous-jacentes. Par exemple, elle avait besoin que la télévision soit allumée vingt-quatre heures sur vingt-quatre, tout en étant trop nerveuse pour voir un film ou un programme jusqu'au bout. Pourtant, elle avait beaucoup plus envie de repousser cette angoisse que d'en parler. Au cours de mes premières visites, mon rôle semblait se limiter à celui de garde d'enfant. Mais au fil du temps, en la connaissant mieux, j'ai vu combien il lui était difficile de faire face à ses peurs et j'ai commencé à éprouver de la compassion pour elle. Ma pratique a consisté alors à lui parler du cœur, silencieusement, en disant : « Puissiez-vous demeurer dans le cœur ouvert. Puisse votre souffrance guérir. » Je n'imaginais pas du tout avoir une connexion spirituelle avec elle, ni même qu'elle pouvait recevoir mes paroles de bienveillance ; pourtant, au fil de cette pratique, tandis que je lui parlais directement du cœur en silence, le sentiment d'une authentique relation avec elle a commencé à s'approfondir.

Lors d'une visite, tandis que nous regardions une vidéo, j'ai senti l'impulsion de lui prendre la main, puis j'ai hésité, pensant que ce geste risquerait de la gêner. En rentrant chez moi, j'ai regretté de m'être retenu. Décidé à ne plus me laisser arrêter par mes doutes et mes angoisses, j'avais hâte de la revoir pour lui prendre la main lors d'une prochaine visite chaleureuse. Mais quand ce jour est arrivé, j'ai reçu un appel m'informant que Marie venait de mourir.

Ce qui m'a touché, plus que la tristesse ressentie, a été de réaliser que je n'aurais plus jamais l'occasion de faire le simple geste de toucher sa main. J'avais cédé aux doutes de mon esprit étroit et, le temps que je m'en rende compte, il était trop tard pour laisser s'exprimer mon cœur ouvert. La leçon a été claire et mémorable : le temps passe vite, et avec lui des occasions uniques. Les mots qui se sont inscrits douloureusement dans mon être – et que d'autres visites aux patients en phase terminale m'ont rappelé souvent encore – étaient : « Que la peur ne retienne pas ton cœur. »

Clarifiez vos objectifs

Maureen n'avait que quarante-cinq ans mais, quand je l'ai rencontrée, son cancer du foie ne lui laissait plus que quelques semaines à vivre. On m'avait spécialement envoyé chez Maureen parce qu'elle avait demandé à être accompagnée par quelqu'un qui lui parlerait de sa pratique spirituelle. En partageant notre vécu, tant de la maladie que de la méditation, un lien s'est tissé immédiatement entre nous. Elle semblait très ouverte à ce que j'avais à dire et elle aimait écouter, à l'occasion, les méditations guidées que je lui lisais d'après le livre de Stephen Levine, *Healing into Life and Death*. Elle était la première personne que j'accompagnais en fin de vie avec qui je parlais très précisément de la façon dont elle pouvait travailler avec ce qui lui arrivait.

Une grande partie de nos conversations tournait autour de la déception de Maureen à propos de sa famille. Elle se sentait frustrée du fait que son mari et ses filles adolescentes semblent incapables d'accepter sa mort imminente. Ils s'adressaient à elle comme si elle allait bien, comme si le cancer était une gêne temporaire. Mais son plus gros problème était vis-à-vis d'elle-même. De nature conciliante, elle était tentée de se couler dans l'image que ses proches voulaient avoir d'elle, l'image d'une personne en parfaite santé. Elle n'osait pas demander leur aide, de crainte de perturber leur monde imaginaire. J'ai essayé de l'aider à voir que vivre à travers de fausses images – tant les siennes que celles de sa famille – lui causait de la peine et de la déception, sans compter qu'elle se coupait de tout rapport vrai avec ceux qu'elle aimait.

Mais le sentiment d'isolement et de séparation de Maureen augmentait à mesure que son corps se détériorait. Un jour, l'unité de soins palliatifs m'a appelé pour dire que son état avait brusquement décliné et qu'elle allait probablement mourir très bientôt. Quand je suis allé la voir, elle était trop malade pour que je m'attarde. L'expression de douleur et de frayeur sur son visage a renforcé la frustration que je ressentais de ne pas pouvoir l'aider. Pendant le trajet de retour en voiture, j'ai senti que cette frustration devenait une véritable détresse, accompagnée de sensations de nausée et de lourdeur. En arrivant chez moi, j'ai eu l'impulsion très forte de m'activer pour éviter de rester présent à mon malaise. Mais comme je savais que ma réaction émotionnelle était le signe de quelque chose que je ne voyais pas, j'ai choisi de m'asseoir en méditation. J'ai essayé de rester avec la sensation physique de détresse en me demandant : « Mais qu'est-ce que c'est ? » Je ne cherchais pas une réponse logique ou conceptuelle mais un véritable ressenti. J'avais la nausée, tout mon corps était tendu, empli de vagues sensations de désespoir, de défaite et de rejet.

Peu à peu, j'ai commencé à y voir plus clair. Ma détresse était une conséquence directe et prévisible – même si je ne m'en étais pas du tout rendu compte – de mes propres objectifs. Je m'étais figuré être quelqu'un qui pouvait aider, le saint des soins palliatifs qui pourrait alléger la douleur de Maureen et la guider vers « une mort consciente ». Bien sûr, ce n'était pas ma seule motivation, mais il devenait évident que cet objectif caché avait pu empêcher un lien plus authentique. Mon besoin d'aider m'avait empêché de voir que je ne pouvais pas faire grand-chose pour modifier les schémas qui régissaient la vie de Maureen et sa relation à sa famille. Quand tout cela est devenu clair, les sensations de détresse se sont dissipées. J'ai tourné alors mon esprit vers Maureen, évoquant son visage douloureux, confus et effrayé. J'ai commencé à respirer sa présence dans l'espace du cœur en lui envoyant de la bienveillance. Mon besoin d'aider et, plus encore, mon besoin d'être apprécié, m'avaient empêché de faire cette offrande authentique.

Maureen est décédée quelques heures après notre dernière entrevue, mais aujourd'hui encore je pense souvent à elle. J'inspire sa présence dans l'espace du cœur, je ressens la douleur de vivre à partir d'objectifs fondés sur la peur : les siens, impuissants à changer l'image à laquelle elle se conformait pour ressembler à la personne qu'elle était censée être ; et les miens, avec mon besoin d'être apprécié en tant que personne capable d'aider les autres. Quand on ressent pleinement ces tendances ô combien humaines, dans l'espace ouvert du cœur, la chaleur de la bienveillance remplace le poids de la détresse.

L'instinct naturel d'aider, de donner, de se relier à l'autre, est souvent mêlé à d'autres projets plus personnels : vouloir être considéré comme quelqu'un qui aide, vouloir réussir dans ce que l'on entreprend, avoir besoin d'être apprécié. Ces intérêts moins nobles font souvent obstacle à l'impulsion naturelle d'agir avec compassion. C'est seulement quand nous en prenons conscience, encore et encore, et que nous ressentons directement tout le désordre que cela crée, que nous pouvons diminuer leur capacité à polluer notre compassion naturelle.

La mort est un cœur fermé

Thomas était un Irlandais de soixante-neuf ans qui mourait d'un cancer du foie et du pancréas. Même si, *a priori*, nous avions peu d'intérêts communs, nous nous sommes sentis très à l'aise dès notre première entrevue. Comme je l'ai découvert plus tard, les personnes proches de la mort éprouvent souvent le besoin de raconter leur histoire. Elles ne souhaitent pas que nous portions un regard positif sur leur situation difficile ; elles veulent seulement être entendues. Avec Thomas, il était clair, dès le début, que c'était ce qu'il attendait de nos rencontres. De mon côté, il était tout aussi important que j'apprenne à simplement écouter, au-delà de mes souhaits personnels et de mes identifications. Je lui posais quelques questions, puis je le laissais raconter son histoire, avec son fort accent irlandais. Je ne faisais aucun commentaire, je n'essayais pas de le réconforter quand il parlait de ses « erreurs » et je ne me laissais pas non plus entraîner dans son mélodrame. Je me contentais d'écouter de mon mieux.

Durant les semaines qui ont suivi, j'ai eu l'occasion de bien connaître Thomas et j'en suis venu à l'aimer beaucoup. Il était très fier. Par exemple, il refusait de pardonner à l'une de ses filles qui s'était opposée à lui pour suivre sa voie, malgré toute la peine que cette séparation lui causait. Il était également intraitable sur tout ce qui touchait à son indépendance. Il ne pouvait pas accepter d'être redevable aux autres ou que l'on prenne soin de lui. Il était important pour lui de se considérer comme quelqu'un qui n'avait aucun besoin. Un jour, alors qu'il était aux toilettes depuis quinze minutes, j'ai frappé à la porte pour m'assurer que tout allait bien. Il a répondu « oui », mais un peu plus tard, j'ai frappé de nouveau, puis j'ai ouvert la porte. Il se tenait face au miroir, essayant d'enfiler le bouton de son pantalon de pyjama dans la boutonnière de sa veste. Il était complètement perdu et vulnérable, mais ne pouvait se résoudre à demander de l'aide, à dépasser sa fierté ancrée dans son profond besoin d'indépendance.

Quand son corps a commencé à se délabrer et qu'il est devenu plus dépendant de l'aide des autres, je l'ai vu se battre contre la peur de l'impuissance. Avec tristesse, j'ai également été témoin de son incapacité à pardonner à sa fille, même à la veille de sa mort. Ma propre vie m'avait appris que la souffrance n'est pas, en elle-même, la clé de la transformation. C'est seulement quand nous sommes prêts à apprendre de notre souffrance que la transformation peut se produire. Thomas n'était pas prêt à se rendre et il est mort comme il avait vécu.

Je n'ai jamais parlé directement de ma conception « de la mort et du processus de la mort » avec les personnes dont je m'occupais dans le cadre des soins palliatifs. En fait, j'ai même essayé de ne pas prendre position sur le sujet car, en vérité, je ne sais pas. Par contre, ce qui est devenu de plus en plus clair pour moi au fil de mes propres déboires physiques et émotionnels, c'est que nous sommes beaucoup plus que notre corps, nos pensées ou l'image que nous avons de nous-mêmes. Ce que nous sommes vraiment, c'est l'énergie de vie qui coule en nous. Ouvrir notre cœur signifie ressentir pleinement cette rivière d'amour que nous sommes et lui permettre de se manifester à travers notre corps de personnes conditionnées. Telle est notre véritable guérison. Plutôt que de nous préoccuper de ce qui se passe après la mort du corps, nous pouvons soigner et guérir « la mort pendant la vie ». Il s'agit de cette mort que nous ressentons chaque fois que le cœur se ferme – par colère, par peur, pour nous protéger, pour éviter de souffrir, pour résister à ce qui fait mal. Thomas a été pour moi un rappel à la fois vibrant et triste. Il m'a rappelé que, lorsque nous maintenons notre armure de protection, nous nous enfermons dans une vie de substitution. Tant que nous continuons à être fiers de notre indépendance, à avoir peur de l'inconnu ou à vouloir tout maîtriser, nous ne pouvons absolument pas nous éveiller à notre véritable vie, à *la* Vie libre de toute notion de « moi ».

Comme un oiseau blanc dans la neige

Larry était un artiste et un enseignant de quarante-huit ans atteint d'un cancer du poumon. On lui avait dit qu'il lui restait environ six mois à vivre. C'était un homme tranquille, réfléchi, et quand je l'ai rencontré, son attitude générale disait : « À quoi bon ? » Il n'avait pas complètement jeté l'éponge malgré tout, et restait ouvert à de véritables échanges avec moi. Son émotion la plus forte semblait être la tristesse et le chagrin qu'il ressentait à l'idée de ne pas voir grandir ses fils adolescents.

Au fil des semaines, alors que ma relation avec Larry se renforçait, je me sentais de plus en plus agité chaque fois que je me retrouvais face à lui. En s'identifiant complètement à son sentiment d'impuissance, il se faisait souffrir, et il m'était difficile de le voir s'enfoncer dans cet isolement qu'il s'imposait. J'avais envie de le prendre par les épaules et de le secouer, de lui crier qu'il n'était pas encore mort, de le réveiller! Il pouvait encore profiter de ses enfants, de son beau jardin et du trésor de la vie. Mais il ne souhaitait pas que je l'aide.

Bien qu'attiré par le désir d'alléger ses souffrances, j'étais également conscient que ma réaction à la situation de Larry était trop forte pour être naturelle: je devais l'observer de plus près. Assis en méditation, j'ai évoqué mon agitation et mon désir d'aider, et j'ai vu de plus en plus clairement pourquoi j'avais tellement besoin de «régler son problème». Puisque je tenais tellement à ce qu'il soit différent, il était évident que ce qui m'agitait n'était pas de la véritable compassion, mais une souffrance non résolue en moi. Son attitude d'abandon et de retrait ressemblait à l'une de mes traditionnelles réactions face aux difficultés; quant à sa façon particulière de se faire souffrir, je l'avais moi-même souvent vécue.

Assis avec l'angoisse et la tristesse que Larry provoquait en moi, j'ai accueilli ces sentiments dans l'espace du cœur et j'ai compris peu à peu combien il était présomptueux de ma part de souhaiter le libérer de sa souffrance. Sa souffrance, comme la mienne, contenait le potentiel de s'ouvrir à ce qui est. Au cœur de notre souffrance repose la grâce qui apparaît souvent si nous nous autorisons à lâcher prise. Avoir réalisé que nous partagions la même souffrance m'a rapproché de Larry. Je n'éprouvais plus le besoin de le voir mourir « d'une belle mort » ni de le libérer de sa souffrance. Au lieu de cela, quand je respirais ma propre souffrance dans le cœur, j'incluais aussi la sienne. À certains moments, notre souffrance individuelle fusionnait jusqu'à ne plus être « ma » souffrance ou « sa » souffrance, mais la souffrance que nous partageons tous. Il n'y avait là rien de morbide ni de déprimant. J'avais au contraire le sentiment d'une profonde compréhension et d'une véritable communion. J'ai compris que la compassion authentique ne peut jamais naître de la peur ni du désir d'arranger les choses ou de les changer. Elle est un aboutissement naturel quand nous comprenons que nous partageons tous la même souffrance. Elle se manifeste quand nous sommes assez mûrs pour abandonner notre propre sentiment d'isolement, de séparation et d'aliénation.

Lors de mes visites suivantes, mon agitation s'est transformée en un souhait d'être simplement présent avec Larry. Un soir, il a eu une hémorragie et il a été conduit aux soins intensifs. À ce moment-là, sa famille traversait des problèmes dont aucun des protagonistes ne semblait capable de s'extraire. En roulant vers l'hôpital, je savais que je risquais d'être mêlé à cette situation. J'étais également conscient de ma grande aversion vis-à-vis de l'environnement hospitalier, mais aussi du fait que Larry était peut-être aux portes de la mort. Dans l'ascenseur qui me conduisait à sa chambre, je me répétais, presque comme un mantra : « C'est peut-être la dernière fois que tu le vois vivant. Ne retiens pas ton cœur. »

La visite a été difficile. Larry a parlé franchement de l'approche de la mort ainsi que de son amertume face au dysfonctionnement familial. Je me suis efforcé de rester ouvert, d'éviter de retomber dans des habitudes d'autoprotection. Quand Larry m'a fait clairement comprendre qu'il ne se sentait pas capable de gérer la situation familiale, j'ai décidé de parler à deux membres de sa famille. Plus tard, assis dans ma voiture sur le parking de l'hôpital, je n'ai pas pu empêcher mes larmes de couler. D'un côté, je voyais toute la peine que nous nous infligeons mutuellement par besoin d'autoprotection ; d'un autre côté, je sentais que l'armure autour de mon propre cœur était toujours là. Mais les larmes coulaient surtout parce que je sentais que cette armure craquelait, s'ouvrait et laissait s'échapper des flots d'amour offert. C'était un avant-goût de ma véritable aspiration : apprendre à vivre le cœur ouvert, savoir donner non parce qu'il faut, non pour obtenir quelque chose mais simplement parce qu'il est dans l'ordre naturel du cœur libéré de donner, comme un oiseau blanc dans la neige.

Larry est mort chez lui, quelques jours plus tard. Au cours de ses dernières heures, je suis resté assis face au lit où il reposait. Il semblait être dans le coma mais l'un de ses yeux était grand ouvert. Pendant une demi-heure incroyable, j'ai fixé cet œil qui semblait me regarder intensément. Je regardais son corps émacié, j'apercevais du coin de l'œil le mot AMOUR formé par un mobile au-dessus de sa tête et je me répétais, encore et encore, que je devais lâcher mes protections et offrir tout mon être. Qui peut dire ce qu'il a perçu de tout cela ? Je sentais que notre lien lui permettait de se détendre tandis qu'il approchait de la mort. Il est mort une demi-heure après mon départ.

Le cœur ouvert ne connaît que l'unité

James avait soixante-seize ans quand nous nous sommes rencontrés. Il mourait d'un cancer du poumon et d'une faiblesse cardiaque, et passait presque tout son temps couché dans son lit. Bien que très faible, il essayait toujours d'être aimable et agréable. Il s'efforçait même de rester éveillé pour ne pas paraître impoli. Je l'aimais bien mais nos rapports n'étaient pas très profonds et je n'avais pas le sentiment de lui être d'une grande utilité.

Après mes premières visites, il a commencé à décliner rapidement, notamment en faisant des crises de démence intermittentes. Il lui arrivait souvent de ne plus se rappeler qui il était ni où il se trouvait. Il me regardait et souriait, un peu comme un bébé qui rit en silence. Je ressentais de la joie à le voir apprécier l'instant avec tant de douceur. Il lui arrivait aussi de rester allongé sans parler pendant de longs moments. Ces jours-là, je restais assis près de lui et faisais la méditation de bienveillance en me reliant à lui au niveau du cœur mais sans paroles. En me reliant à lui par le cœur, je ne le voyais plus comme une personne avec des problèmes ni comme un tas de chair et d'os ; la relation était davantage d'être à être. De ce fait, non seulement j'étais de moins en moins gêné par sa condition physique déclinante mais, plus le sentiment d'unité et d'intimité grandissait, plus j'appréciais la qualité du temps que je passais auprès de lui.

Bientôt, James est tombé dans le coma et j'ai essayé de lui rendre une petite visite tous les jours. Je m'asseyais près de son lit en tenant sa main et je respirais sa présence dans l'espace du cœur en répétant silencieusement des paroles de bienveillance. Il m'arrivait souvent de sentir une réserve. Par gêne, par doute ou pour me protéger, j'étais tenté de me retirer dans la fausse sécurité des schémas habituels. Mais la pratique de la bienveillance consiste aussi à faire face à tout ce qui obscurcit le cœur ouvert, tout ce qui renforce le sentiment de séparation. Quand la peur apparaissait ou quand je souffrais de ma propre réserve, je faisais passer ces sensations dans l'espace du cœur. Dès que la peur diminuait, la chaleur et la bienveillance se remettaient à affluer tout naturellement. Quand les murs de la prison que nous nous imposons s'écroulent, il ne reste que cette unité que nous sommes fondamentalement.

Quand il est devenu évident que James allait mourir, je lui ai rendu visite pour lui dire adieu. Je suis resté assis avec lui un moment puis, alors qu'il semblait être dans un coma profond, je lui ai dit à haute voix des mots qui me venaient du cœur. Ensuite, sa main toujours dans la mienne, je me suis penché vers lui et lui ai murmuré qu'il s'agissait probablement là d'un adieu. Alors que je posais un baiser sur son front, il a serré ma main avec une force évidente. À cet instant, j'ai éprouvé le profond sentiment d'unité qui est la nature de notre être, un sentiment d'amour illimité qui ne connaissait aucune entrave. Bien sûr, je n'ai pas été long à reconstruire mes murs de protection mais il reste clair pour moi, à ce jour, que notre esprit limité ne peut même pas concevoir la magnitude de l'immensité du cœur.

Épilogue

Quel est le sens de notre vie ?

Notre aspiration, notre appel,
notre désir d'une vie authentique
consiste à voir la vérité
de ce que nous sommes vraiment,
à voir que la nature de notre Être est unité et amour,
et non l'illusion d'un « moi » séparé
auquel notre souffrance s'accroche.
C'est à partir de cette prise de conscience
que la Vie peut affluer en nous,
l'Inconditionné se manifestant librement
sous la forme de notre corps conditionné.

Et quelle est la voie ?
Apprendre à accueillir tout ce que la vie nous apporte.
Apprendre à prendre soin
de tout ce qui peut faire obstacle au flux naturel
d'une vie plus ouverte
et considérer ces mêmes obstacles

comme la voie de l'Éveil.
Envisager ainsi toutes les fabrications mentales,
les images de soi, la réserve,
l'autoprotection, les peurs,
les jugements sur nous-mêmes, le blâme :
tout ce qui nous sépare du flot naturel de la vie.

Et quelle est la voie ?
Cesser de toujours chercher l'agréable
et d'éviter le désagréable.
S'ouvrir à la possibilité de simplement Être,
dans l'instant, exactement tel qu'il est.
Ne plus se laisser si facilement piéger
par les pensées obsessionnelles.
La pratique consiste à s'éveiller
à notre véritable nature :
n'être personne de spécial,
n'avoir nulle part où aller,
simplement Être.

Nous sommes tellement plus que ce corps,
que ce petit drame personnel.
Quand nous nous accrochons à la peur,
à la honte et à la souffrance,
nous oublions de rendre grâce à la vie
qui nous vient de l'Être.

Alors, à cet instant précis,
en quoi sommes-nous attachés à nos opinions ?

En atténuant les jugements incessants de l'esprit,
nous éveillons le cœur
qui ne demande qu'à être éveillé.

Et quand le voile de la séparation se lève,
la Vie se déroule simplement, comme il se doit.
N'étant plus piégés dans un rêve égocentrique,
nous pouvons faire don de nous-mêmes,
comme un oiseau blanc dans la neige.

Le temps passe très vite, abandonnez votre réserve.
Goûtez à cette précieuse vie.

J'ai écrit « Quel est le sens de notre vie ? » la veille de mon cinquantième anniversaire avec l'intention de lire ces mots chaque jour, pour raviver mon aspiration et me rappeler ce qui est important dans la vie. Par la suite, j'ai légèrement modifié ces lignes pour qu'elles reflètent les subtils changements intervenus dans ma compréhension de la vie de pratique. Aujourd'hui, ce texte est lu lors des offices dans les centres zen, et il semble avoir aidé de nombreuses personnes à clarifier l'orientation de leur pratique.

Glossaire

Ezra Bayda a développé un vocabulaire bien à lui pour exposer son enseignement. Au fil des pages, nous avons traduit certaines de ses expressions particulières selon des termes qu'il a approuvés, mais il est bon d'avoir ici une définition plus précise de ce que ces termes recouvrent. Les définitions nous ont été adressées par l'auteur lui-même et nous les avons simplement traduites en français.

Anxious quiver of being (the) :
L'angoisse que nous ressentons quand nous avons l'impression d'être déconnectés de nous-mêmes et de la vie.

Being (a feeling of)
Un sentiment de plénitude. Une expérience de conscience globale qui dépasse notre expérience subjective normale d'être simplement une personne, un « moi ».

Big picture (the) / bigger picture (the)
Une image plus vaste de la réalité qui s'ouvre à nous quand nous avons un regard plus clair sur ce que nous sommes vraiment et sur le sens de notre vie.

Core beliefs / core decisions :
Les décisions que nous avons prises, très tôt dans la vie, à propos de nous-mêmes ou à propos de la vie. Par exemple : « Je ne vaux rien » ou encore : « La vie est trop dure ».

Container of awareness (the) :
Quand la conscience s'élargit au-delà de notre expérience subjective limitée – par exemple, quand la conscience d'un son inclut l'air qui le porte – ou quand nous ne nous identifions plus simplement à un « moi », on peut dire que le « conteneur de la conscience » s'élargit.

Practice (the) :
Les efforts que nous faisons pour vivre plus éveillés.

Practice life (the) :
Une vie au cours de laquelle la priorité consiste à s'éveiller à la réalité.

Substitute life (the) :
C'est la vie que nous menons quand nos « croyances profondes » (voir *core beliefs*) déterminent la façon

dont nous ressentons les choses ; quand nous croyons aux histoires que nous nous racontons, aux images que nous avons de nous-mêmes, comme si tout cela était intrinsèquement vrai. C'est le contraire d'une vie menée avec honnêteté, dans l'authenticité, où nous voyons de plus en plus clair dans nos images, nos croyances erronées et nos schémas de comportement.

What* is *this ?
Littéralement : « Qu'est-ce-que c'est ? », avec une insistance sur la nature de cette chose. Il s'agit bien d'un *koan*, c'est-à-dire d'une question qui n'a pas de réponse intellectuelle ou factuelle toute faite. La seule réponse est celle qui naît de notre expérience directe de l'instant présent.

Imprimé en Allemagne par GGP Media GmbH, Poessneck,
en mars 2014
ISBN : 978-2-501-09519-8
4152153 / 01
dépôt légal : avril 2014